主　编 ／ 孙晓芳

副主编 ／ 孙大鹏

大学生
气排球运动

COLLEGE LIGHT VOLLEYBALL SPORTS

大连海事大学出版社

DALIAN MARITIME UNIVERSITY PRESS

图书在版编目（CIP）数据

大学生气排球运动 / 孙晓芳主编. — 大连：大连
海事大学出版社，2024.12. — ISBN 978-7-5632-4625
-0

Ⅰ. G842

中国国家版本馆 CIP 数据核字第 20248R50C6 号

大连海事大学出版社出版

地址：大连市黄浦路523号　邮编：116026　电话：0411-84729665（营销部）　84729480（总编室）

http://press. dlmu. edu. cn　E-mail：dmupress@ dlmu. edu. cn

大连金华光彩色印刷有限公司印装　　　　　　　　　大连海事大学出版社发行

2024 年 12 月第 1 版　　　　　　　　　　　　　　2024 年 12 月第 1 次印刷

幅面尺寸：184 mm×260 mm　　　印张：9.25　　　　　　　　字数：224 千

出版人：刘明凯

责任编辑：刘若实　　　　　　　　　　　　　　　　责任校对：阮琳涵

封面设计：解瑶瑶　　　　　　　　　　　　　　　　版式设计：解瑶瑶

ISBN 978-7-5632-4625-0　　　定价：23.00 元

《大学生气排球运动》编审委员会

主　审：张瑛玮

主　编：孙晓芳

副主编：孙大鹏

编　委：张天艺　邹　赟　于世波　马　杰

　　　　王雨晨　晋炳坤　冯嘉仪　杨子星

前　言

　　气排球运动起源于我国，它是一项集运动、休闲、娱乐、社交于一体的大众健身类体育项目。由排球运动衍生的运动项目很多，如沙滩排球、软式排球、雪地排球等。其中，气排球运动不但对场地、器材要求低，易于开展，而且可多人参与，还具有群众性、观赏性和娱乐性强的特点，非常适于家庭、学校、社会各组织及群体共同参与，于众多排球衍生运动项目中脱颖而出，蓬勃发展。

　　大学体育是学校体育教育的最后环节。培养出喜爱运动，身心健康并热爱生活的时代新青年，大学体育教育的作用至关重要。传统的排球运动是"三大球"之一，是大学体育课程中的基础项目。然而，随着传统排球运动的发展，传统排球的竞技性不断提升，娱乐性却不断下降。传统排球技术学习难度高，对身体素质要求也高，制约了以培养运动兴趣和终身体育意识为主要目的的大学体育的发展空间。大学生在学习排球技术时，一旦技术掌握不好或身体素质跟不上，便无法在传统排球课上体会到娱乐性和对抗性。气排球运动恰恰弥补了这些短板，气排球运动对身体素质要求不高，技术难度也低，稍加练习就能进行比赛，在比赛中可获得良好的娱乐和对抗体验。因此，气排球运动不但兼顾了传统排球运动的功能与价值，还体现了娱乐性和对抗性，让大学生获得愉快的运动体验的同时，达到大学体育教育的育人目的。

　　目前，在大学开设气排球课程、推广气排球运动已渐成趋势。基于此，我们参考了大量相关的气排球教材、期刊以及文献，并汲取多年来排球和气排球的教学与训练工作经验，本着科学、精练、通俗、实用的原则，撰写了这本契合大学生身心健康和社会适应性特点的气排球教材。希望它能成为促进大学生喜爱气排球、学好气排球的有价值的读物。

　　本书由孙晓芳担任主编，孙大鹏担任副主编。其他参编人员有：张天艺、邹赟、于世波、马杰、王雨晨、晋炳坤、冯嘉仪、杨子星。本教材在编写过程中得到了大连海事大学及学校体育部和教务处各级领导的关心和大力支持，对此深表感谢。

　　由于编者的水平有限，书中难免有错误和不足之处，恳请各位专家、同人及广大读者批评指正。

编　者

2024 年 8 月

目　录

第一章
气排球运动概述

第一节 气排球运动的起源

气排球运动起源于我国,是集运动、休闲、娱乐、竞技为一体的新兴群众体育项目。因球体大而轻、场地小、速度慢,其规则比排球规则简单,使之更有趣味性和安全性。如今该运动已经受到越来越多人的喜爱。1984 年,铁道部呼和浩特铁路局集宁分局的离退休职工受春节联欢晚会吹气球游戏的启发,首先用气球进行隔网对打游戏,随后又改用儿童玩具塑料球代替气球,此后经过不断摸索,更换不同球体,最后确定采用胶球,并逐步在呼和浩特铁路局内部开展起来。由于场地设置、游戏规则、用球皆模仿排球运动,故而定其名为"气排球"。它起源于民间,应用于民间,发展于民间,是土生土长的"中国球"。

第二节 气排球运动的发展

20 世纪八九十年代,气排球主要在铁路系统开展。1994 年前后,气排球开始在福建、浙江、广西、广东、湖南、广西等南方地区开展起来。

一、气排球运动在铁路系统推广

1991 年 9 月,呼和浩特铁路局在"第四届老年人运动会"上,举办了气排球比赛。

1991 年 10 月,中国火车头老年人体育协会根据排球比赛规则编写了我国第一本《气排球竞赛规则》。

1992 年 2 月,《气排球竞赛规则》印发到全国铁路系统各级老年人体育协会。同年 3 月 17

日至 19 日,石家庄市举办了第一期全国铁路系统气排球学习班,这为全国铁路系统开展此项运动培养了第一批教练员和裁判员,为我国气排球运动的全面、有序发展奠定了基础。同年,武汉市举办首届全国铁路系统老年人气排球比赛。这是我国历史上第一次举办全国铁路系统气排球比赛。

1993 年 3 月 4 日,中国火车头老年人气排球协会在北京成立。中国第一个气排球协会的成立,为这项"土生土长"的运动项目的发展提供了强有力的组织保证。

1995 年,国际奥委会主席萨马兰奇在观看了中国铁道科学研究院的气排球比赛后,对气排球产生了极大的兴趣并对这项新兴运动给予了很高的评价:"气排球很好,既适合老年人,也适合中年、青少年""我们正处于体育运动的黄金时代,我们国际奥委会不能光靠竞技体育,也要搞全民体育和体育教育"。

二、老年人气排球运动发展时期

2003 年 11 月,浙江省丽水市举办了华东地区首届老年人气排球邀请赛。它标志着气排球运动的推广和普及取得了实质性的进展,气排球运动已不再局限于铁路系统,正逐渐向华东乃至全国推广。

2004 年 10 月,中国老年人体育协会在浙江丽水市举行了第一届老年人气排球比赛。这使得气排球运动的影响力在全国进一步提升。

2005 年 7 月,中国老年人体育协会在福建省莆田市制定了老年人气排球比赛第一部比赛规则。

2015 年,中国老年人体育协会组织相关专家编写了教材《中国气排球》,进一步规范和指导气排球运动的开展。

2018 年,由中国排球协会和中国老年人体育协会共同审定的《老年人气排球规则》正式出版,标志着老年人气排球运动的规范化、科学化进入了新的阶段。

三、中青年气排球运动发展时期

2012 年,国家体育总局排球运动管理中心在福建省南平市举办"第一届全国气排球公开赛"。

2013 年,由中国排球协会审定的《气排球竞赛规则》正式出版。

2015 年 5 月,国家体育总局排球运动管理中心召开了"全国大众排球运动交流推广研讨会"。在会上,明确了大众排球运动的概念、内涵与定位。

气排球运动的定位是"健身、娱乐、和谐"。精品赛事"超级杯"全国气排球联赛的确立,标志着气排球运动向着常态化、正规化的方向发展。

2016 年 12 月,由国家体育总局排球运动管理中心举办的"全国气排球社会体育指导员培训班"在武汉体育学院开班,有 200 余人参加培训。

2017 年,国家体育总局排球运动管理中心修订了《气排球竞赛规则》(2017—2022)。

2024 年 3 月,国家体育总局排球运动管理中心修订了《气排球竞赛规则》(2022—2025)。

目前,我国许多城市都成立了气排球协会、气排球俱乐部等各种气排球组织,初步形成了有组织的气排球管理运行机制。活动的形式由自发参与发展到与相关部门统一组织相结合。

城市内、外各俱乐部之间的联赛持续不断,各种规模、类型的赛事层出不穷。很多的行业系统已经把气排球比赛作为一项常规赛事,比赛规模越来越大,参赛队伍越来越多比赛的技战术水平逐年提高。气排球被部分省、市列入省、市运动会的正式比赛项目,并且被列为第十三届、第十四届全运会比赛项目(见图 1-1)。

图 1-1　第十四届全运会气排球比赛运动员入场站队

四、气排球蓬勃发展标志——排球运动管理中心介入赛事序列

2017 年在天津举办的第十三届全运会上,气排球运动成为群众体育的正式比赛项目之一,标志着该运动受到官方的高度认可,成为最受欢迎的大众健身娱乐项目之一。6 月在天津举行的预赛,有 67 支队伍参加,其中男子项目 34 支参赛队,女子项目 33 支参赛队。除了西藏没有组队参加比赛外,其他省市区全部组队参赛。2017 年 7 月在天津举行的总决赛,有男女共 17 支队伍参加决赛。

2014 年、2017 年,国家体育总局排球运动管理中心分别组织了国家级气排球裁判员考试。目前气排球运动较之过去,其开展更广泛,参与人群更多,竞技水平更高,对抗更激烈,举办赛事更规范,竞赛规则更严谨。

第三节　气排球运动的特点与功能

一、气排球运动的特点

随着气排球运动在我国广泛开展,其受到了学生等群体的广泛好评,气排球运动不同于室内排球运动,其健身性、娱乐性、简单易行性吸引了大批健身者,目前很多地区和高校都在开展气排球活动和比赛,以此提高他们的生活质量。气排球运动具备以下特点:

(一)简单易学,入门"门槛"低,亲和性高

排球运动对于中国人来说并不陌生,但竞技排球对参赛选手的技战术和参赛选手的各项素质要求非常高,在群众中推广和普及有一定难度。气排球质地柔软,比赛用球重约120~140 g,相当于一个苹果的重量,比普通排球轻了大约一半;圆周周长有74~76 cm,看起来像个小篮球;球软、球体大,在空中飘落速度缓慢,更适应普通人的反应速度;加之气排球场地小,受参与者性别、年龄、技术水平的限制较小,即使是没有室内排球基础的人同样可以参加活动,特别适合广大学生参与(见图1-2)。气排球运动有助于人与人之间的沟通和交流,是一项具有较强亲和性的运动项目。

图1-2　大学生气排球课

(二)观赏性、趣味性和竞技性

气排球比赛人数为5人,规则限制跳发球和前场进攻,降低了进攻的难度,使攻防更加均

衡,往返球次数更多,攻防更加精彩好看,同样使比赛更具有观赏性和趣味性。这是气排球运动吸引观众和广大群众的重要因素。

气排球运动作为体育运动最显著的特点之一就是具有一定的竞技性,气排球运动所制定的规则以及场地的限制使得气排球运动的重心向技能、智能方向偏移。其"易上手"的特性和相对较为宽松的规则使得参与者方便参与其中,打出不同特色的配合,激发参与者的运动能力并培养其团队协作的能力。

(三)场地器材要求不高,更具安全性

气排球比赛场地和羽毛球场地很相似,不用重新画线,将羽毛球场地的球网加以调整,即可进行气排球训练或比赛。气排球的场地设计,充分考虑了安全性与全民性,可与羽毛球场地共用,网高设计合理,相较普通排球更适合大众,球员在比赛中很少跳跃,加之限制跳发球和前场进攻,增加了比赛的安全系数。

(四)技战术与竞技排球既有相同之处,又有独特性

在气排球比赛中,随着在场上位置的轮转,每个队员都要参与防守和进攻。因气排球重量轻,在空中运动速度慢,因此产生了特有技术。队员除了要掌握排球的基本技术及各项技战术以外,还需要熟练气排球的特有技术,在水平较高的比赛中几乎是每球必扣,每球必拦,攻防转换快,往返球回合数多,技术含量较高。气排球比赛的参与者需要心态平稳,技术全面,充分发挥整体配合优势,采用合理的技战术,扬长避短,才能获得胜利,这些与竞技排球均有相同之处。

看似缩水的场地和规则下,气排球比赛的精彩程度丝毫不减。虽然场地小了,但场上人数也少了1个人,每个人触球的机会就多了。普通排球场地分配的角色有主攻、副攻、二传、接应、自由人等,但气排球只有二传和攻手两个角色,这样上演的对攻大战要更为精彩。

二、气排球运动的功能

(一)强身健体的功能

气排球运动与排球运动一样是一项有氧与无氧供能相结合,以有氧供能为主的运动项目,可以强身健体,既能作为休闲活动,又能组织竞技比赛。经常参加气排球运动,可以提高有氧代谢能力。有氧运动可以改善心肺功能,增加血液输氧量,有效延缓各器官系统的衰退。积极参加气排球锻炼能改善精神状态和增强体质,培养良好的心理素质。

(二)休闲娱乐的功能

气排球运动发展得较好且较快,是因为其易学、易玩,在比赛中攻防转换多,参与者在比赛中能体验到极大的乐趣。

(三)提高心理素质的功能

经常参加气排球运动的训练或比赛,可以学到很多控制自己情绪和调节自身心理的手段和方法。如连续失误时,如何使自己尽快冷静下来而且不灰心;比分落后时的沉着和不气馁;

关键比分时进攻不手软的自信心等,都是对自己形成良好心理品质的培养方式和锻炼方式。

(四)提高判断应变能力的功能

气排球运动是一项需要快速应变的运动。在训练和比赛中,队员应具备预判的能力。场上形势瞬息万变,参与者要通过观察对方和同伴的动作、击球的声音、场上位置的布局等来预判气排球方向而迅速做出决策。因此,运动员在气排球比赛中必须不断观察,准确理解同伴的意图并能默契合作,这有助于提高人的判断应变能力。

(五)增进人际交往和社会适应及团队协作的功能

气排球运动在场上每队有 5 人,属于集体运动。它最大的特点就是需要队员们之间的默契,参与者在配合中交流思想、相互沟通、增进情感,在气排球运动过程中淡化并消除孤独感和封闭感,有效地增加集体归属感,使得参与者获得良好的情绪状态和心理体验。气排球是一项需要团队协作的运动项目,需要队员之间相互配合、相互支持,可以提高团队合作精神。

(六)适合学校体育的功能

排球教学课是我国高校体育教学的传统项目,深受同学们的喜爱,但是由于长期以来,排球运动技术上的高度技巧性和肢体接触球时的疼痛,严重地制约着学生学习排球技术,很难真正激发同学们的运动兴趣,影响了体育教学的质量和排球运动的普及和推广。但是气排球的运动特点与气排球球体的特点可以很好地互补硬排球的缺点,气排球球体轻软、规则宽松、动作简单,学起来更易入门,所以更容易激发学生们的学习兴趣。

(七)对竞技排球后备人才培养的刺激功能

气排球很容易在高校推广,一旦学生掌握基本的气排球技战术并能比赛,大学生会很快被这项运动所吸引。这种兴趣会对他们今后从事竞技排球运动有所帮助,自然也有助于竞技排球后备人才的培养。

第二章
气排球技术教学与训练

第一节　气排球移动步法

一、气排球移动步法种类及动作分析

(一)准备姿势的动作分析

人体在起动、移动和击球前所采用的合理的身体姿势,称为准备姿势。合理的准备姿势既要使身体重心处于相对稳定的状态,又要便于移动和完成多项击球动作,为迅速起动、快速移动及击球创造最好的条件。依据气排球比赛中(或练习中)完成各项技术动作的需要,按身体重心的高低,准备姿势可分为稍蹲准备姿势、半蹲准备姿势和深蹲准备姿势。

1. 稍蹲准备姿势

(1)动作方法

两脚左右开立,与肩同宽,一脚稍在前,两膝微屈,身体重心位于两脚之间,且稍靠近前脚,后脚跟稍提起,上身稍前倾,两臂放松,自然弯曲置于体前。两眼注视气排球并兼顾场上各种情况,两脚保持微动状态(见图 2-1)。

(2)技术分析

稍蹲准备姿势的身体重心比半蹲、深蹲准备姿势高,便于进行距离较长的移动,但不便于接低球。双手比其他准备姿势要靠近身体,以便于快速移动。两膝不宜过多弯曲,上身前倾幅度亦不要太大,注意省力。

(3)动作要领

脚开立,膝稍屈,脚跟离地,重心偏前。体前倾,臂弯曲,眼视来球,双脚微动。

图 2-1 稍蹲

2. 半蹲准备姿势

(1) 动作方法

两脚开立,稍比肩宽且前后错开,两膝弯曲成半蹲状。上身稍前倾,两臂放松,自然弯曲置于腹前。身体适当放松,两眼注视来球,两脚始终保持微动(见图 2-2)。

图 2-2 半蹲

(2) 技术分析

半蹲准备姿势,膝部的垂直线应在脚尖前面,身体重心稍向前,有利于向前和斜前快速移动、移步和倒地救球。

（3）动作要领

重心低于稍蹲，重心向前，精力高度集中，身体适当放松，双脚保持微动。

3. 深蹲准备姿势

（1）动作方法

两脚左右开立的距离比半蹲准备姿势更宽一些，两膝弯曲的程度更大一些，身体重心更低、更靠前，膝部的垂直线超过脚尖，两手臂置于胸腹之间（见图2-3）。

图 2-3　深蹲

（2）技术分析

由于在场上防守位置的不同，在保护球时要求上身基本直立，重心平稳，便于观察和快速伸臂靠近落点。

（3）动作要领

重心低于半蹲，身体重心到最低，膝部超过脚尖，准备倒地救球。

（二）移动的动作分析

移动是练习者从起动到制动之间的动作，其完整过程包括起动、移动、制动三个环节。起动是移动的开始，它是在准备姿势基础上变换身体重心的位置，破坏准备姿势的平衡，使身体便于向某一方向移动；移动则是在起动的基础上，利用脚步动作来改变运动员在场上的位置，完成技术动作和战术配合的行动；制动是移动的结束，要及时克服身体的惯性，保持好击球前的身体姿势。

移动的目的是及时接近球，保持好人与球的位置关系以便击球，同时迅速占据场上有利位置。

1. 起动

起动是指从静止到移动发力动作的过程，起动的快慢是移动的关键，起动的速度取决于反应的速度和腰腿部的力量。

（1）起动的作用

起动是移动的开始,是在准备姿势的基础上变换身体重心的位置,使身体向目标方向移动。进攻中,快速起动可加快进攻节奏,提高进攻效果;防守时,快速起动是保持或抢占有利位置、防止对手进攻的首要环节。

（2）动作方法

以向前起动为例,在正确准备姿势的基础上,迅速抬起前腿,收腹,使上身向前探出,同时后腿迅速用力蹬地,使整个身体急速向前发动。

2. 移动

（1）移动的方法

首先,两眼注视气排球,精神高度集中,做好正确的准备姿势,根据来球的不同方向、速度、弧度和落点,做出正确判断。如接发球时对发球的判断,扣球时对传球的判断,拦网者对对方进攻行动(吊或扣)的判断。

其次,及时起动。起动快慢是移动的关键。在正确准备姿势的基础上,两个大脚趾内侧发力,迅速蹬地,并快速水平移动,使整个身体向前起动。

最后,采用合理的移动步幅、步频和步法,找到人与球的合理位置,使身体接近球,并用手将球击向预定目标。移动时一定要先动脚,防止只伸手、不动脚,要主动找球,不等不靠。

（2）移动步法

起动后,应根据临场技术、战术的需要,灵活地采用多种步法进行移动。移动的主要步法和动作方法如下:

①并步:两脚前后站立,与肩同宽;两膝微屈,上身稍前倾,两手自然放松置于腰腹两侧。并步时,前脚向来球方向跨出一步,后脚迅速蹬地跟上,并做好击球前的姿势。并步的特点是容易保持身体平衡,便于做击球动作。并步可向前、后、左、右各方向移动,适用于短距离移动(见图 2-4)。

②交叉步:两脚左右开立,向右侧交叉步移动时,上身向右转,左脚从右脚前向右交叉迈出一步,然后右脚向右侧方向跨出一大步,同时重心移至右脚,身体转向来球方向,保持击球前的姿势(见图 2-5)。交叉步的特点是步子大,动作快,便于制动。

③跨步:跨步时,一脚用力蹬地,另一脚向来球方向跨出一大步,上身前倾,身体重心移至前脚上,后脚随重心前移自然跟上,两臂做好迎球动作(见图 2-6)。

跨步的特点:跨距大,便于向前方或向斜前方降低重心进行低点击球。

④后退步:移动时,视来球情况,身体保持适宜的准备姿势,两脚交替快速向后退步,注意保持好重心。

⑤跑步:跑步时一脚蹬地起动,另一脚迅速向前迈出,两脚交替进行,两臂配合摆动,不要过早做击球动作的准备,以免影响跑步速度。球在侧方或后方时,应边转身观察球边跑。

3. 制动

由快速移动转变为突然停止状态的过程称为制动。制动是移动的结束,也是击球动作的开始。制动的方法有一步制动法和两步制动法。

（1）一步制动法

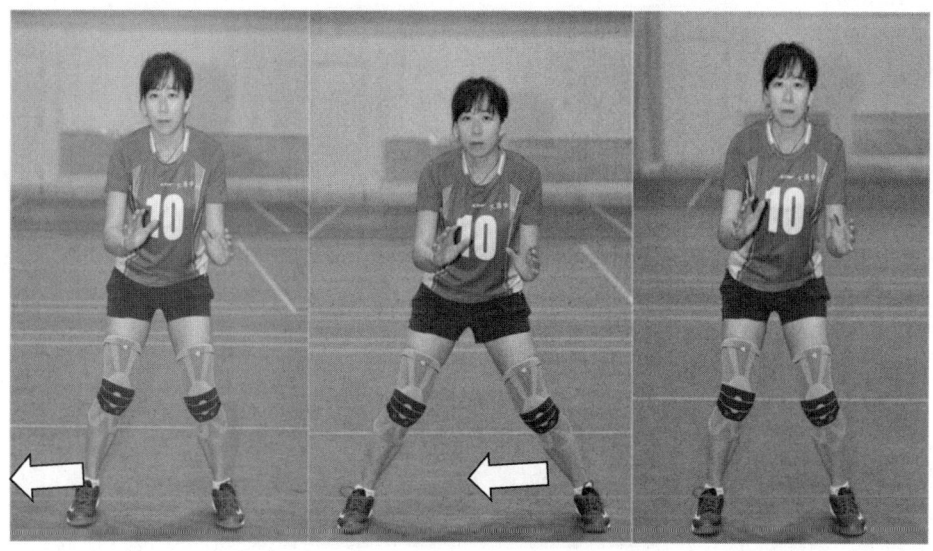

图 2-4　并步

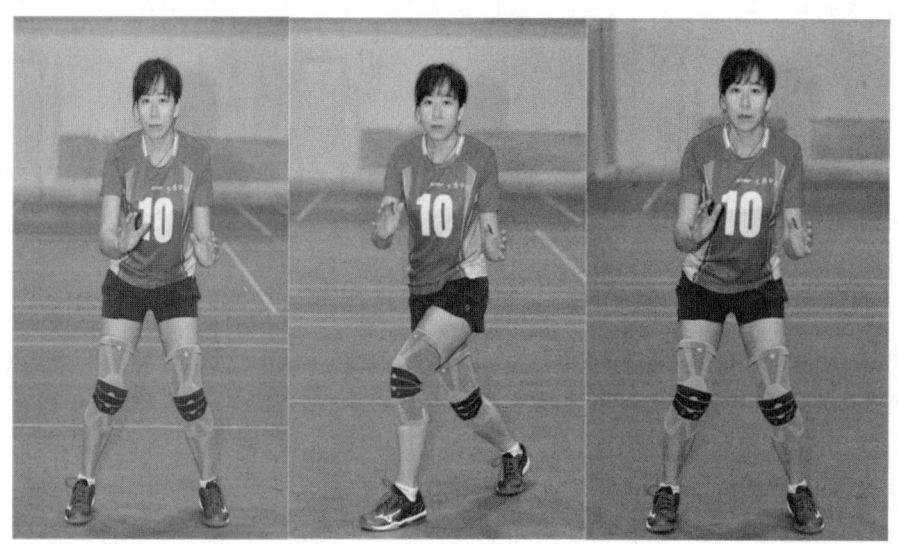

图 2-5　交叉步

一步制动时,在移动的最后跨出一大步,降低身体重心;膝部和脚尖适当内转,全脚掌横向蹬地,以抵住身体重心继续前移的惯性。同时以腰腹力量控制上身,使身体重心的垂直线落在脚的支撑面以内。

(2)两步制动法

制动时,从倒数第二步开始做第一次制动,紧接着跨出最后一步做第二次制动,同时身体后倾,两膝弯曲,重心下降,两脚用力蹬地,使身体处于有利于做下一个动作的状态。

图 2-6　跨步

二、气排球移动步法实战运用分析

(一) 准备姿势的运用

1. 稍蹲准备姿势的运用

稍蹲准备姿势一般用于当对方正在组织进攻时的判断,或球在本方且离自己较近、不需要长距离移动击球时,以及在进行传球、扣球和接速度较慢、弧度较高的发球时。

2. 半蹲准备姿势的运用

半蹲准备姿势是气排球比赛中最基本的准备姿势,在接发球时运用最多,在防守、拦网时也常运用,目的是在防较低的来球时迅速起动和短距离快速移动。

3. 深蹲准备姿势的运用

深蹲准备姿势主要运用于接速度快的大力发球、防大力发球、防大力扣球与保护扣球(接拦回球)。在接远的球和衔接各种倒地动作的接球时也要求采用深蹲准备姿势,以扩大防守范围。

(二) 移动步法的运用

1. 并步的应用

并步主要用于近距离的移动,如抱球、传球、垫球、拦网等。同时,并步经常与跨步或一些倒地击球技术结合运用。

2. 交叉步的运用

交叉步主要用于接体侧 2~3 m 的来球,或在传球手和拦网者在网前移动及防守两侧来球时运用。

3.跨步的运用

跨步主要用于接弧度低、速度快、距离身体 1 m 左右的球,可以单独使用,也可以与滑步、交叉步、跑步的最后一步结合运用。

4.后退步的运用

后退步在当人在前场或中场时,发现对方来球要飞至后场区时采用。注意身体重心的控制,不要后倒过多。

5.跑步的运用

跑步一般在球较远、运用以上移动方法不能接近来球时采用。跑步移动速度快,便于随时改变方向,经常与交叉步、跨步等结合起来运用。如侧跑步时,常采用交叉步转身的方法来起动;当接近球时,又常用跨步、倒地和各种跳跃动作来制动以便完成击球动作。

三、气排球移动步法教学与训练

(一)教学与训练难点

准备姿势的目的是迅速起动、快速移动接近球,为此必须根据预先判断做出各种准备姿势。对初学者来说,判断十分重要,也是教学与训练的难点。移动教学与训练的难点是起动快慢,关键是准备姿势和起动的衔接。

(二)教学与训练顺序

准备姿势和移动是气排球运动中各项技术的基础。在教学中应遵循由简单到复杂,由基础到结合各项技术的原则进行。

1.准备姿势的教学

首先学习稍蹲准备姿势,然后学习半蹲和深蹲准备姿势。准备姿势的教学要与传球、垫球技术的徒手动作练习结合进行。

2.移动的教学

首先学习跨步、并步、滑步、交叉步,然后学习跑步和综合步。移动步法的练习必须与准备姿势和制动的练习紧密结合、同步进行,并结合接发球、防守、保护、传球、吊球、扣球、拦网等技术的运用进行。

3.准备姿势和移动的练习

一般安排在训练课的准备部分,结合反应、速度、协调等身体素质进行练习。

(三)教学与训练步骤

1.讲解与示范

(1)讲解:首先讲解准备姿势与移动在气排球比赛中的重要作用,再讲解动作要领、常犯的错误及动作运用时机。讲解动作的顺序应自下而上,即从脚和膝部讲起,然后讲解躯干、上身、手臂和头部的姿势,要突出不同步法动作的异同点。

(2)示范:既要做正面示范,也要做侧面示范。在做移动的示范时,向前后移动做侧面示范,向左右移动做正面示范;也可以边讲解边示范,学习者边听边模仿做徒手动作。前后方向的跨步、跨跳步、后退步、跑步以侧面示范为主;左右方向的跨步、跨跳步、并步、滑步、交叉步以正面示范为主。

2. 组织练习的顺序

原地徒手模仿练习—徒手移动模仿练习—结合球的各种练习。

(四) 练习方法

1. 准备姿势的徒手练习方法

(1)学习者试做准备姿势,教师巡回检查纠正动作,旨在建立初步概念,体会完整动作。

(2)将学习者分成两排,面对面站立,一排做动作,另一排纠正对方的错误,两排学习者互教互学。

(3)学习者看教师信号做动作。几个姿势交替练习,如此反复,教师随时纠正动作。

2. 移动的徒手练习方法

(1)学习者在教师引导下,徒手试做各种移动步法,体会完整动作。

(2)学习者由半蹲准备姿势开始,根据教师手势做各种步法的快速移动。手势幅度要大,手势换向由少到多,要求移动快、重心低、平稳,变向再起动和移动动作要按照要领做练习,移动后保持好准备姿势。

(3)3~4 人一组,站在端线后,先做原地快速小步跑,听到教师口令后,快速起动冲刺跑 6 m 或跑过中线。

(4)两人一组相对站立,一个人随意做各种移动步法,另一个人跟随做同方向的移动。

3. 结合球的练习方法

(1)两人一组,相距 2~3 m,做好准备姿势,一个人向另一个人前、后、左、右抛球,另一个人移动后把球接住再抛回,连续进行一定次数后两人交换。

(2)两人一组,相距 4~5 m,一个人向另一个人前、后、左、右抛球,另一个人移动对准球后用头将球顶回。规定完成若干次后互换。

(3)两人一组,相距 6~7 m,各持一球,两人同时把球滚向对方体侧 3 m 左右处,移动接住后再把球滚给对方,如此反复进行。

(4)学习者面对教师站立,教师将球抛到学生身前、身后或两侧,学习者快速向前或转身改变方向移动去接球。

4. 综合技术练习

在接发球、防守、保护、传球、吊球、扣球、拦网等技术运用中练习无球移动,结合击球移动,重点练习前、后、左、右四个方向的移动和“米”字形 8 个方向的移动。进一步做防打手出界的不同方位有连续性动作的组合练习。组合的前后项目要相关、实用、结合实战。要求组合动作由两个项目过渡到三或四个项目。

(五) 常犯错误与纠正方法

准备姿势和移动常犯错误与纠正方法如表 2-1 所示。

表 2-1　准备姿势和移动常犯错误与纠正方法

技术	常犯错误	纠正方法
准备姿势	臀部后坐,全脚掌着地	(1)讲清要领,反复示范; (2)强调含胸、收腹、前倾,两膝投影线超过脚尖
	两膝僵直,重心太高	(1)练习中两脚保持微动; (2)多做低重心屈膝姿势的移动练习
移动	缺乏判断,移动慢	(1)明确概念,多做各种姿势下的起跑练习; (2)结合视觉信号多做起动练习; (3)多做短距离的各种抛接球练习
	身体重心起伏过大	(1)强调移动后要保持好准备姿势; (2)多做网下的往返移动练习
	制动不好,制动后不能保持准备姿势	(1)强调制动要求; (2)练习时注意脚和膝内扣,最后一步稍大

(六)教学与训练中应注意的问题

1. 让学习者充分认识准备姿势和移动技术的重要性,发扬不怕苦、不怕累的精神,同时多结合短距离跑动或游戏的形式进行练习,以激发学习者的学习兴趣。同时,要经常强调保持正确的准备姿势,促使学习者养成良好的习惯。

2. 多做视觉信号反应练习,培养学习者的观察判断能力。同时要把准备姿势、反应起动和各种移动步法及制动技术结合起来进行练习。

3. 练习方法要多样化,避免枯燥,如采用对抗、竞赛、游戏等练习方式,激发学习者的学习兴趣。多结合球、场地和其他技术进行练习,增强学习者应对各种不同情况的判断反应及移动能力,并明确与不同技术衔接运用的要求。

4. 加强腿、腰的力量练习,特别要加强膝关节和脚部灵活性的练习,如多做距离 2~3 m 的折返跑、变速跑和变向跑等练习。

第二节　气排球防守技术

气排球由于体积大、重量较轻,球在空中飞行的速度较慢,因此特别容易受到气流的影响,重心极其不稳定,可以通过加大击球面积来改善球的稳定性。在长期的实践过程中,气排球运动员们发明了"插托""抱""捧"等技术动作,有效地解决了防守击球时球体稳定性的问题。用双手、单手或身体的任何部位将对方的来球击起的动作叫作防守技术。防守技术在气排球活动和比赛中占有重要地位,通常用于接发球、接扣球、接拦回球,也可以用于组织进攻。

一、气排球防守技术种类及动作分析

气排球防守技术主要有捧球、双手插托击球、抱球、背向双手垫球、正面双手垫球、体侧双手垫球、挡球以及单手托球等。

(一) 捧球

捧球是指学生用双手在腹前将离身体较远的来球或追身球用双手捧起的技术动作。其明显的动作特征是:双手掌心向上、十指微张,形成一个弧形。捧球主要用于处理速度较快的追身球、大力球和低远球。

1. 动作方法

(1)准备姿势:面对来球,两脚开立;根据来球的速度和力量,呈半蹲或深蹲姿势站立;两肘弯曲,上臂与前臂夹角为90°左右,分别位于腰部两侧(见图2-7)。

(2)迎球动作:来球时,双手掌心向上,十指微张,朝前呈弧形;手指、手腕与前臂基本形成一个平面。

图2-7 捧球准备姿势

(3)击球动作:双手形成一个弧形,以全手掌触击球的下部。双手击球时,上臂夹紧身体,手指、手腕与前臂在一个平面上,靠抖腕、手指弹力和前臂上托的瞬间发力动作将球击出,其动作幅度较小(见图2-8)。

2. 技术分析

(1)应采用半蹲或深蹲准备姿势,要求在不影响快速起动的前提下,重心适当降低,这样有利于快速插入球下。

(2)击球瞬间,两掌心插到球后下部捧球,上臂要夹紧身体,手指、手腕与前臂要保持一定的紧张度,靠前臂、手腕、手指的力量击出来球,击出点一般在身体腹部前下方。

3. 动作要领

两臂前伸插球下,双手掌心面朝上,腕指前臂适度紧,腕抖指弹瞬间力,抬臂缓冲往上送。

图 2-8　捧球

(二) 双手插托击球

双手插托击球是指面对来球,在胸腹前的左(右)侧或中部托送的一种击球动作(见图 2-9)。它的明显特征是:一只手掌心朝上,五指朝前;另一只手掌心朝前,五指朝侧,两手在球的后下方形成一个与球向吻合的弧形。该动作用于接发球和接各种攻击过网的球,是气排球中一项特有的技术动作。

1. 动作方法

(1)准备姿势:根据来球的方向、速度、弧度和落点,采用不同的准备姿势。

(2)迎球动作

图 2-9 双手插托击球

①左托球:球从左边来,右脚内侧蹬地;左脚向左跨出一步,重心移至左脚上,左膝弯曲;上身稍向左倾斜,左肩略低于右肩;左手五指张开,掌心向前,迅速将手插到球的下部,手掌呈勺形,手指指根接触球的下部承受球的重量,同时右手五指张开,在来球的后上方顶压着球体并掌握球的方向。左托球也称为护球。

②中托球:球从中部来,即为追胸球,左手或右手在上,另一只手在下,两肘关节适当内收,两手呈勺形,以确保将球托送到位。

③右托球:与左托球动作相同,手脚动作方向相反。

(3)击球动作:在正确迎球手形的基础上,当手和球接触的瞬间,手腕和手指要有顺势向下展的缓冲动作。击球时,托球的手掌、手指给球体以撩拨动作,手掌、手指的撩拨用力在球体重心的后下方,使球在向前上方送起的同时产生上旋。护在球后上方的手同时顶护住球的重力与方向,利用上下产生的合力将球传出。

2. 技术分析

(1)准备姿势的运用要根据不同情况而有多种变化。接一般的轻球或处理过来的球,身体重心可稍高,采用稍蹲准备姿势。接重发球、重扣球和吊球时,应采用半蹲或深蹲准备姿势,重心适当降低,便于接好球。

(2)托球的击球点位置应使托球手保持大小臂自然弯曲于体侧为宜,尽量保持在腰腹高度,控制好球与身体的适当距离,充分保证手臂运动的幅度和角度,将球送向预定目标。

总体而言,采用何种姿势防守,应根据来球的力量、速度、角度和高度而定。要求在不影响起动的前提下,适当降低重心,有利于快速插入球下接起低球。在接左托球或右托球时,两个肘关节与前臂呈"一"字形。

3. 动作要领

判断清,对准球,下插托,上顶包,手球相吻,托护相应,双手合力,抬送出球。

(三)抱球

抱球技术是指球员将离身体较远的正面来球或低球接起的技术动作。抱球技术有两种动作:一是双手掌相对、大拇指朝上的对掌抱球(见图2-10);二是两手指相对、大拇指朝前的对指抱球(见图2-11)。

1. 动作方法

(1)准备姿势:面对来球,两脚开立,与肩同宽;根据来球的速度和力量,呈半蹲或稍蹲姿势站立。

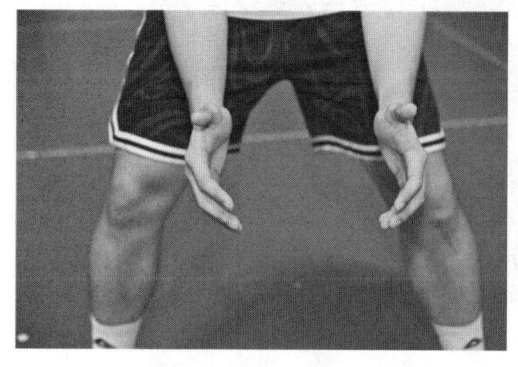
图 2-10　对掌抱球

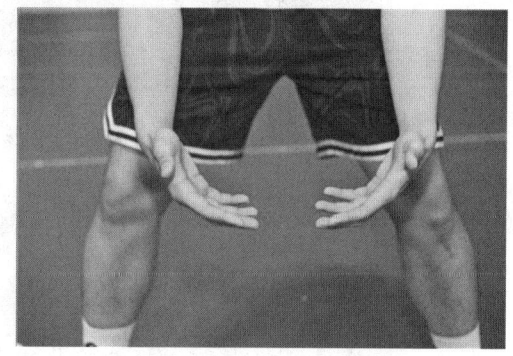
图 2-11　对指抱球

(2)迎球动作

①对掌抱球:当来球距离身体较远时,两肘伸直,手腕自然下垂,五指自然张开,两手掌相对,大拇指朝上,距离大于两小指的距离,左右手掌相对,形成一个与气排球大小相吻合的弧形,以便抱住球的两侧。

②对指抱球:当来球接近身体时,两肘弯曲,肘关节向外伸展,上臂与前臂夹角大于90°,手腕略紧张,两手掌心朝上,十指相对自然张开;大拇指朝前,呈弧形,以便抱住球的两侧。对指抱球的特征是:两手指相对,掌心朝上,大拇指朝前,手腕略紧张,形成一个与气排球大小相

吻合的弧形。

（3）击球动作

①对掌击球：手和球接触瞬间，以指根带动指尖击球的两边后下部，以食指、中指、无名指三指受力为主，双手大拇指在球的两侧上部，小手指托在球的底部。用抬臂抖腕的力量将球击出，击球点在腰腹附近。

②对指击球：双手手指相对，托抱球的底部，击球瞬间以手指和手腕的抖动、弹拨及抬臂的力量将球击出。击球点在胸腰之间。

2. 技术分析

（1）来球时，双手要向来球的方向伸出；当手和球即将接触时，有顺势迎球的动作，且两手形成一个弧形。

（2）击球瞬间，两手托住来球的后下部或底部，靠手腕的抖动、手指的弹拨、抬臂动作以及全身的协调发力将球击出。

3. 动作要领

对掌手指插球下，手球相吻，拇指朝上，抬臂抖腕抱球，十指相对托球底，球手相吻，拇指朝前，抖腕弹指抬臂抱球。

（四）背向双手垫球

背向垫击目标，从身前向背后双手垫击球称为背向双手垫球（见图 2-12）。该动作在接应同伴起球后，球飞得较远而又无法进行正面击球时运用较多。其特点是垫击点较高，防守距离较远，准确性稍差。

图 2-12　背向双手垫球

1. 动作方法

背向垫击球时，要判断好来球的方向、落点和离网的距离，快速移动到球的落点处，背对垫出球的方向，两臂夹紧伸直。击球时，用蹬地、抬头挺胸、展腹和上身后仰的动作带动两臂向后上方摆动抬送，以前臂触球的前下方，将球向后上方击出。击球点一般应在肩前上方。

2.技术分析

背向双手防守中,应根据防守目标的远近和不同的高度去改变击球点的高低。如要垫出高远球,可适当降低击球点;如要垫出弧度球,应升高击球点。在无法调整击球点高度时,可利用腹部和手臂的动作来控制出球的高度和距离。若遇低远的来球,需要向后上方高处垫出时,可采用屈肘屈腕的动作,从腕部虎口处将球向后上方垫起。背向垫击球是背对击球目标的技术,不利于球员观察场上的情况和控制击出球的方向及落点。

(五)正面双手垫球

除手指弹击动作外的身体任何部分击球的动作称为防守技术。防守技术可用手、臂、头、肩、大腿、脚背、脚弓及身体其他部位来完成,相比其他技术种类更加多样,实用性、应变性更强,控制范围大,便于接各种困难球,其中最常用的是正面双手垫球。正面双手垫球在比赛中用于接发球、接扣球、接拦回球以及处理各种困难球,有时还可用防守技术来组织进攻,以弥补传球的不足,辅助进攻。(见图2-13)

图2-13　正面双手垫球

1. 动作方法

(1)准备姿势:面对来球,呈半蹲或深蹲姿势站立。

(2)垫球手形:常用手形有叠指式、抱拳式和互靠式。其中叠指式最为稳定,可用来接各种力量的球,运用非常普遍。方法是:两手掌根相靠,两手手指重叠,手掌互握,两拇指平行向前,手腕下压,两前臂外翻成一个平面。

(3)击球空中位置:保持在腹前高度。

(4)垫击球动作:当球飞到腹前约一臂距离时,两臂夹紧前伸,插入球下,同时配合蹬地、送腰、提肩、顶肘、压腕等全身协调动作迎向来球,身体重心随着击球动作向前上方移动。

(5)球触手臂部位和击球部位:用前臂的手腕关节以上10 cm左右的两小臂桡骨内侧所构成的平面击球的后下部(见图2-14)。

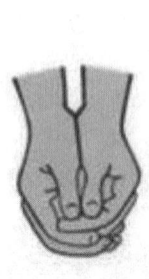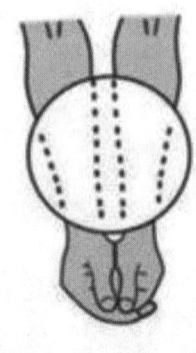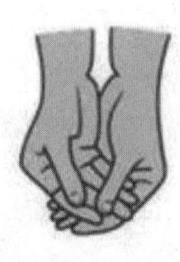

图2-14 垫球手型和球触手臂部位

(6)击球后动作:在击球瞬间,两臂要保持稳定,耸肩往前送,身体重心继续协调地向抬臂方向送球。垫击动作结束后,立即松开双臂做好下一动作的准备。

2. 技术分析

(1)准备姿势的运用要根据不同情况而有所变化。接扣球和吊球时,应采用半蹲或深蹲准备姿势,两膝的弯曲度和重心的高低应根据来球的高度和角度以及腿部力量大小而定,要求在不影响快速起动的前提下,重心适当降低,这样有利于快速插入球下垫低球,也便于高点挡球。

(2)正面双手垫球的击球点位置应尽量保持在腹前高度,离身体不宜太远或太近,手臂触球的瞬间,耸一下肩往前送即可,这样便于调整手臂角度和垫出球的方向、落点。如果来球高于腰部以上,可用高位正垫,垫击球时利用蹬地伸膝提高身体重心,必要时还可跳起在腰前用前臂垫出。

(3)要注意根据来球的不同情况采用不同的击球动作。垫轻球时,靠手臂上抬力量来增加反弹力,同时靠蹬地、送腰、提肩动作协调配合;垫中等力量来球时,主要靠球的反弹力,动作幅度要小,以免球的反弹力过大而将球击过网;垫大力量来球时,手臂要随球后撤,以此缓冲来球。

3. 动作要领

夹臂、前伸、下插、蹬地、送腰、提肩、顶肘、压腕、抬臂、送球。

（六）体侧双手垫球

在身体侧面用双手去垫球称为体侧双手垫球（见图2-15）。

图2-15 体侧双手垫球

1. 动作方法

以右侧接一传为例,右脚向右侧跨一步,身体重心随着移至右脚,右腿弯曲。两臂伸向右侧,右臂高于左臂,左肩向下倾斜,伸出两手臂成平面,用击球面对准来球,利用向左转腰转腹及右脚蹬地的力量,配合两臂在体侧接一传的后下部。击球完成后迅速准备下一动作。

2. 技术分析

（1）球点应在体侧前方,腰肩之间。双臂在体侧稍前的位置截击来球,不能等球飞到体侧时再摆臂去击球,这样容易造成球接触手后向侧面飞去。

（2）垫球时,要调整和控制好两臂组成的垫击面的角度,使球准确地垫向目标。

3. 动作要领

侧向跨步侧伸臂,一高一低成平面,内转腰腹蹬地力,侧前肩腰之间击。

（七）挡球

挡球主要用于处理来球较高且速度快的球,主要在来不及后退移动防守或由于球速快而运用双手传球技术不合适时采用。挡球有双手和单手两种方式。双手挡球多用于接速度快、力量大,位于面部及其以上位置的来球,也可作为攻击手段（见图2-16）。单手挡球多用于接位置较高,甚至需起跳方可单手接触到的来球。

图 2-16   双手挡球

1. 动作方法

双手挡球:两手合谷(虎口)交叉,手掌互叠,双手及两前臂呈"八"字形,肘关节弯曲朝前,腕关节后仰,利用双掌的掌根及掌外侧挡击球。

单手挡球:单臂上举,掌心朝前,腕关节后仰,利用单掌的掌根挡击球。

2. 技术分析

击球瞬间,腕关节应适度紧张,根据来球速度的快慢和目标点的位置控制手腕、手臂的仰角。作为攻击手段使用时,需主动挥臂,以掌外侧为主,掌根为辅叩击球。

(八) 单手托球

单手托球用于处理离身体低远的球,主要是在来不及运用双手插托击球、抱球、捧球和正面双手垫球时采用。基本手形:掌心朝上,五指张开且朝前或向左(右)伸出,形成一个勺形(见图 2-17)。

1. 动作方法

眼睛注视来球,一只手向前或向左(右)伸出,插入接近地面球的下方,用手腕和手指的抖动、前臂上抬的力量将球托起。

2. 技术分析

击球瞬间,手快速插入球下部,手指、手腕与前臂要保持一定的紧张度,手臂、手腕的用力大小和幅度都应根据来球力量的大小和目标点的位置来控制。

3. 动作要领

掌心朝上勺形伸,腕指前臂适度紧,协调用力击球出。

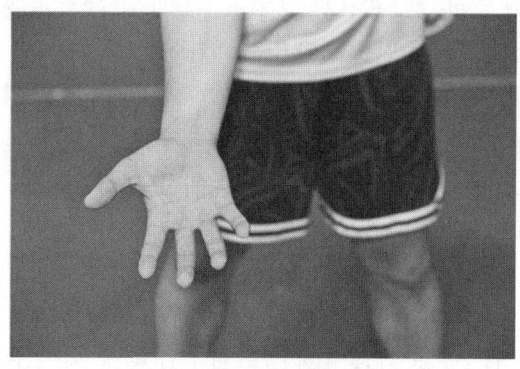

图 2-17 单手托球

二、气排球防守技术实战运用分析

气排球防守技术运用于比赛的全过程。在防守过程中,不论是接发球还是接扣球,抑或是接其他来球,来球都会因击球者的击球力量、击球手法以及采用击球技术的不同而呈现不同的特点,或轻或重,或下沉或晃动,因此运用的气排球防守技术是有区别的。下面我们就按接来球的特点进行技术分析。

(一) 接轻球技术

接轻球主要采用双手插托球、抱球、捧球、单手托球等技术动作。一般运用于接下手发球、上手发球、轻扣球、吊球和处理球等。

球离开对方手的瞬间要判断来球,球速不快或带有轻度飘晃时,接发球应注意观察,站位适当靠前。判断落点后,要快速移动取位,重心下降前倾。在接轻扣球、吊球、接拦网触手的球和接拦回球时,由于来球方向和落点不固定,故更强调准备姿势与移动步法的灵活运用。当来球高于胸部时,采用抱球的技术动作或正面双手传球的技术动作;当来球低于胸部时,采用双手插托、捧球、单手托球或双手垫球等技术动作将球接起。

(二) 接重球技术

接大力发球、接重扣球、接入网球主要采用双手插托球、抱球、正面双手垫球等技术动作。

1. 接大力发球

大力发球的特点是力量大、速度快、旋转力强,但球的飞行轨迹较规律,容易判断。接大力发球的站位要适当靠近中场。因来球弧线低,防守时身体重心要低。多采用正面双手接一传技术或捧球技术,由于来球力量过大,不要抬臂加力,对准球后手臂不动,耸一下肩往前送或采用捧球动作即可。

2. 接重扣球

接重扣球是接扣球防守技术的重点。由于来球力量大、速度快,接一传前应保持较低的准备姿势和采取低姿势移动,并根据对方学生扣球及本方拦网的情况来判断扣球路线和落点,迅速移动位置对准来球,稳定重心,尽量用插托球或正面双手垫球动作将球接起。如果来球离防守者有一定距离,防守者要立即移动步伐使身体迅速接近来球。不管运用何种气排球防守技术,接重扣球时都要十分注意缓冲,以提高到位率,减少失误。

3. 接入网球

比赛中常有气排球因失去控制而飞入网内后反弹下落的情况。要接好这种球,首先要准确判断球入网的部位,掌握球反弹的方向、角度和落地点。接入网球一般采用捧球技术或单手击球等击球技术。球飞入网后,一般有三种反弹情况:第一种是球飞入球网的上半部或从高处下落入网,多为顺网下落,反弹角度很小,速度快,落点靠近中线;第二种是球飞入球网中部,稍有反弹,下落速度较上部入网球稍慢,落点仍靠近中线;第三种是球飞入球网下部,因球网底绳的作用,反弹现象明显,且有一定的高度和远度。对上述第一、第二种情况,因球下落速度快,落点靠近中线,比较难接,故接一传时要迅速移动到落点上,侧身对网,降低重心。在运用捧球技术时,双手要插入球下,手掌、手指给球体以撩拨动作。在运用接一传技术时,手臂插入球下,以屈肘翘腕动作将球垫起;在运用单手托球技术时,手掌张开略向本方场地倾斜,手指适度弯曲成勺状,伸到中线位置球的落点处,用托击动作将球击起。对于第三种情况,重心不宜太低,待判断反弹落点后从容地将球垫起或托起。如果是第三次击球,一般采用抱球技术或捧球技术,外侧臂抬高,用双手向上向侧兜球的动作,使球前旋飞过球网。

4. 其他击球技术运用

当来球速度快,防守者来不及移步、降低重心、伸臂击球和侧身让垫时,可采用身体其他部位来防守(身体任何部位包括脚部都可击球)。

脚击球主要是当来球远且低,变化突然、时间短促,无法用其他击球技术击球时采用,属于应急补救性技术动作。脚击球主要有脚背击球和脚内侧击球两种。

(1)脚背击球

动作方法是以一只脚为支撑,另一只脚迅速向来球方向伸去,利用伸大腿、摆小腿的动作使脚背插入球下。击球时,利用小腿继续上摆、脚踝上挑的动作,以脚背上部触球的下部(或侧下部)将球垫起。脚背击球后,若身体失去平衡,可采用侧倒坐地或后倒坐地等动作进行自我保护。

(2)脚内侧击球

动作方法与脚背击球相似,但在击球时脚尖要上翘,脚踝紧张,以脚内侧部位垫球的后下部。

三、气排球防守技术教学与训练

气排球防守技术根据比赛的需要,可分为接发球防守、接扣球防守、拦回球防守和垫击传球等。教学训练的难点之一是如何应对各种不同的发球。不同发球技术基本可分为力量速度旋转型、一般飘球型、特殊飘晃型,要针对不同类型的发球进行不同的教学,有的放矢,帮助学习者把握不同防守方式的击球手形、击球点和击球部位。难点之二是快速移动后,对正来球插入球下的技术动作。要求在正确判断的前提下,早起动,采取适宜步法快移动,保证最后双臂插入球下。难点之三是垫击时手臂与地面如何呈合理夹角,对不同发球的垫击有不同的垫击夹角。难点之四是手臂和身体的协调用力,这是影响手控球的关键环节之一,要求手臂垫击球后的微调通过腰和手臂的协调用力体现出来。这种微调效应必须通过大量的练习,形成良好的球感才可实现。气排球球体轻,手对球的控制能力很重要,必须在教学、训练中通过不断地强化训练,逐步提高这种微调能力。

(一)教学与训练顺序

防守技术种类多、运用广,因此在教学中要根据学习者的具体情况和动作的难度,先易后难地安排教学。一般教学顺序为:正面双手防守,体侧防守,接发球,跨步防守,半跪防守,防吊球,防扣球,背向防守,退让垫、单手垫、挡球,前扑防守、倒地防守、滚翻防守、鱼跃防守,防守调整传球,防守入网球、网前球,保接拦回球,吊、扣拦回球的自保防守,拦飞、防飞的上挡球和单、双手防守处理球。

(二)教学与训练步骤

1. 讲解与示范

(1)讲解。教师首先讲解防守技术在气排球比赛中的作用、技术特点和动作要领。重点讲解手形、击球部位、击球点、手臂角度及身体上下肢的协调用力和动作。

(2)示范。教师先做防守技术的完整动作示范,让学习者建立防守技术的完整动作概念。然后进行分解示范,也可以边讲解边示范,正面与侧面示范要结合运用,让学习者加深印象。

2. 组织练习顺序

徒手练习、连续击球练习、对墙防守练习、两人互动防守练习、接发球练习、接扣球练习、结合教学比赛及各种串联练习。

(三)练习方法

1. 徒手模仿练习

(1)手形练习。徒手模仿练习,教师及时检查并纠正错误动作。

(2)结合球进行练习。

(3)连续击球练习。

(4)对墙练习。学习者每人一球,在距墙 2 m 处连续对墙击球。要求学习者的击球手形、垫击点和击球部位正确,用力协调,控球能力强。

(5)两人一组击球互动练习。

2. 结合移动的防守练习

(1)移动连续击球练习。每人一球,向左、向右、向前、向后移动击球。要求学习者在移动防守时低重心移动,正面防守。

(2)两人或三人一组,一个人抛球,另一个人或两人轮流向左、向右、向前、向后移动击球。要求移动速度不宜太快,垫出的球要稍高,并控制好落点。防守者尽量做到正对击球方向击球。

(3)三人一组跑动击球或四人一组三角移动击球。要求击球人尽量移动到位,对正来球,把球准确击到位。

3. 结合接发球的击球练习

(1)两人一组,相距 7~8 m。先进行一掷一击练习,再过渡到一人下手发球或上手发球,一人接发球练习。要求接至假设的传球位置上。

(2)两人一组,相距 9 m,一发一垫,或三人一组,一人发球,两人轮流接发球。要求发球要稳,然后逐步拉长发球的距离,增加发球的难度。

(3)三人隔网或不隔网,一发一击一传练习。要求发球准,接发球者积极移动取位,把球击到传球学生的位置上,传球学生再将球传给发球人。

4.结合接扣球、吊球的防守练习

(1)两人一组,一扣一防练习。要求接扣球者做好防守准备姿势,开始练习时扣球要稳,随着防守者逐步适应,可逐步增大扣球的难度。

(2)三人一组,一扣一防一传练习。要求扣球学生扣、吊结合,防守学生相互配合、互相呼应、互相保护。

(3)轮流连续接扣球练习。由教师在网前扣球或在高台上隔网扣球,要求接扣球者做好防守准备姿势。开始练习时扣球要稳,随着防守者逐步适应,可增加扣球的难度。

(四) 教学与训练中应注意的问题

(1)防守教学应在简单的条件下进行,如原地徒手练习以及击固定球的练习,原地击一般弧度和落地比较固定的轻球,再进行移动击球练习。在学习者击球动作基本正确,能初步控制击球的方向和落点后,再逐步加大练习的难度。

(2)发球、接发球是两个相联系的对立面,因此在教学与练习中应使两者紧密结合,以达到互相促进、不断提高的目的。接发球又是组织进攻的基础,应抓住控球能力这个重点和难点反复练习,以提高手臂对球的控制能力。

(3)在接扣球技术教学中,应强调做好防守的判断、准备姿势,加强起动和移动步法练习。要教会学习者观察和判断来球的方法,提高起动速度和移动取位的能力,防止只重视手法不重视步法的倾向。

(4)随着学习者垫击球技术的不断熟练,要尽量结合攻防战术进行练习。如在防守练习中,将防守与拦网、保护、调整传球和反攻扣球等技术串联起来进行练习,这样既能提高技术的运用能力,又能培养战术意识和同伴间的默契配合。

(5)两人一组,教师发球,两个学生一垫一调传。这种方法在场地不足、无网时采用。每人按自己平时站位的距离假设到位的目标,每组练习20次后交换,要求到位15次以上,根据调整传球判断球是否到位。

(6)教师采用远距离的高台发球以增大接球的难度,并有目的地针对每个学习者的弱点进行练习。这种方式可结合场地、球网进行,三人或四人一组,分直线、斜线(场地两边可同时进行),每组接同样数量的球,统计到位球的次数;也可根据主力和替补学生的不同水平,安排主力与主力比赛,替补与替补比赛,或让学生进行发垫对抗赛。

(7)接发球进攻练习。三人一组,一人接发球,一人传球,一人扣球。10 次接发球中,要求到位率为70%以上和扣球成功率为60%以上,如其中有任意一项完不成,则需要补课,补课内容可按本队需要提高的项目来确定,也可补扣球、拦网,一般不补一传。转变项目以便学习者兴奋起来,达到一定的意外训练效果。

第三节 气排球传球技术

一、气排球传球技术种类及动作分析

(一)气排球传球技术种类

气排球传球技术按姿势可划分为站立传球、稍蹲传球、半蹲传球、全蹲传球、跳传球、倒地传球、单手传球和抱传球；按传球的方向可划分为正面传球、侧面传球、背向传球；按传出距离可划分为远传球和近传球；按传出弧度高低可划分为集中传球、拉开传球、平拉开传球；按用途可划分为防守、攻防转换、进攻(第三次传球过网、吊球等)。

(二)气排球传球技术、动作分析

1. 正面双手传球

面对目标的传球称为正面传球。

(1)动作方法

这里指正面双手传球的动作方法。

①准备姿势：稍蹲，上身稍挺起，抬头注视来球，两脚前后左右自然开立，约与肩同宽，后脚跟提起，重心落在两脚之间。屈肘自然下垂，两手掌成半球状置于胸前，全身放松。

②迎球动作：当来球接近额前时，开始蹬地、伸膝、伸臂，手指微张，经脸前向上方迎出。全身各部位动作应协调一致(见图2-18)。

③击球点：在额前上方约一球距离处。

④手形与触球部位：手触球时，十指应自然张开，使两手成半球状；手腕稍向后仰，两拇指相对近"一"字形，十指与球吻合，触球体的后下部。以拇指内侧，食指全部，中指的二、三指节触球的后下部，负担的压力，无名指和小指在球两侧辅助控制球的方向(见图2-19)。

⑤用力方法：在迎球动作的基础上，当手和球即将接触时，手腕和手指要有前屈迎球的动作；当手和球接触时，手腕应稍向后仰，以缓冲来球的力量。一般情况下，短距离的传球是靠手指、手腕的弹力将球传出。而长距离的传球，则要全身用力，由下而上，两脚蹬地，膝关节近于伸直，髋关节稍屈，含胸直立，最后用手指、手腕的弹力将球传出。手离球后，两臂要伸直，伴送球出手，整个动作协调自然。

(2)技术分析

击球点：要求尽量保持在额前上方约一球距离。原因有三：一是便于观察来球，看清手和传球的目标，有利于对准和控制传球方向；二是便于全身协调，有利于提高传球的准确性、稳定性；三是肘关节有一定的弯曲度，便于继续伸臂用力，有利于改变传球方向。

手腕、手指的击球动作：触球前，手腕、手指应有一个前屈的迎球动作；传球时，手腕、手指应根据来球的速度和传的距离，保持适当的紧张度。前屈迎球动作要小且及时，由手腕的前

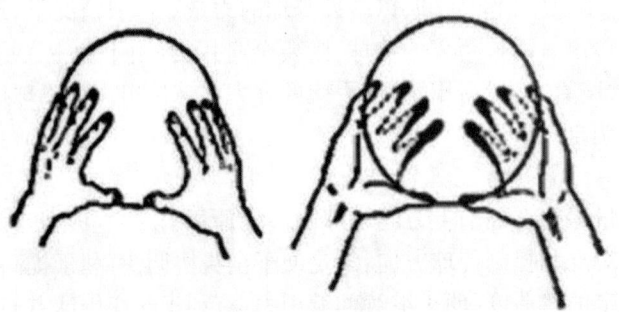

图 2-18　正面双手传球

图 2-19　球触手的部位

屈带动手指的前屈。接轻球时,迎球动作要柔和;接重球时,手指、手腕稍紧张些,用力稍大些。

全身的协调用力:传球的动作从下肢蹬地到手指击球,由下而上要连贯协调,一气呵成。

（3）动作要领

两眼视球快取位,蹬地伸臂额前迎,正确手形协调力,一气呵成击球出。

2. 背向传球

背向目标的传球称为背向传球(见图2-20)。背向传球是传球技术中的一种基本方法,在比赛中运用较多,传球学生必须掌握。

图 2-20　背向传球

（1）动作方法

①准备姿势:上身比正面传球时稍向后仰,双手自然抬起,置于脸前。

②迎球动作:迅速移动,插入传球点下面,抬头挺胸,上身后展,双手上举。

③击球点:在头上方,比正面传球略偏后。

④手形:与正面传球相似,但触球时手腕要稍向后仰,掌心向上,两拇指呈"V"字形,托在球的下部。

⑤用力方法:利用蹬腿、展体、抬臂、伸肘和手指、手腕的弹力,把球向后上方传出。

（2）技术分析

①背向传球时,下肢蹬地的方向接近与地面垂直,并通过展体、挺胸、抬头的动作,使抬臂、伸肘、送肩的协调用力方向偏向后上方。因此,背向传球的击球点应保持在头上方的位置,以便于向后上方用力。

②由于背向传球是与正面完全相反的方向将球传出,因此,击球时手腕要始终保持后仰,手指、手腕应向后上方抖动用力,其中两个大拇指用力最多。

③由于背向传球看不到传球的目标,因此,传球前必须先观察判断好传球的方向和距离,尽量使背部对正传球目标。

（3）动作要领

上身稍直臂上抬,掌心朝上腕后仰,背部正对目标处,协调传球后上方。

3. 侧向传球

身体侧对传球目标,在不转动身体的情况下,靠双臂向侧方传球的动作称为侧向传球。

侧向传球的准备姿势、手形及迎球动作同正面传球,击球点应偏向传出方向的一侧,传出

31

方向一侧手臂稍低于另一侧手臂,且一侧手臂动作的幅度要大些,伸展的速度也应快些。传球时,通过下肢蹬地使身体重心向身体侧上方伸展,以双臂和上身侧屈的协调动作将球传出(见图 2-21)。

图 2-21　侧向传球

4. 单手上手传球

当来球离身体较远或来球靠近身体时可用单手上手传球技术。

(1)来球离身体较远时

防守时,先移动脚步,对准来球位置以右(左)手主动去迎球,手掌朝上托送球的下部。

(2)一传高且靠近网口时

当一传高且靠近网口或将飞过网口时,学生两腿蹬地、膝关节伸展,靠近球一侧的手臂上举,手腕后仰,掌心向上,五指适当收拢,构成一个半球状手形,伸至球的后下部,利用手腕、五指的弹力,将球向本方场区传出。

5. 抱传球

当球弧线较高、较远而身体处于不利位置时,来不及采用正面击球动作传球而采用的侧面击球组织进攻的方式称为抱传球。其动作特点:一只手掌掌心朝上,五指朝前,另一只手掌掌心朝前,五指朝侧,两只手在球的后下方形成一个与球向吻合的弧形。

（1）动作方法

①准备姿势与迎球动作:基本与正面上手传球技术相同。

②击球方法:在接触来球的瞬间,左手全手掌托在球的底部,并向前上方送出,同时右手翻顶球的中后部,左手协调作用于球,利用托、翻、顶的合力将球传出。

（2）技术分析

①击球点位置应使托球手保持大小臂自然弯曲于体侧为宜,这样可充分保证手臂运动的幅度和角度,从而控制球的方向、高度和落点。

②亦可实现正面传球、侧向传球和背向传球的变化。正面传球:保持一手掌托球的底部,另一手掌位于球的中后部,同时向正前方发力。侧面传球:一只手掌托在球的侧下部,另一只手掌位于球的中下部,同时朝侧前方发力。背向传球:一只手掌托在球的前中下部,另一只手掌位于球的后中下部,同时朝后上方发力。

二、气排球传球技术运用分析

学生利用全身协调力量,并通过手指、手腕的弹力,将球传至一定目标的击球动作叫作传球。传球是气排球运动中最基本、最重要的技术之一,是各项战术的基础。它主要用于传球、接对方推攻球、被对方拦回球,接轻发球、轻扣球、吊球和处理过来的球。它是组织进攻、防守反击的有效手段。球队的传球手在比赛中起着桥梁、核心的作用,没有良好的传球,就失去了进攻的枢纽,比赛难以获胜。

1. 正面传球

正面传球是传球中最简单、最常用的技术。当一传来球时,传球学生要适当控制传出方向,尽量保持正面传球,使球飞向最佳区域。正面传球可根据扣球手的需要和对方的拦网情况将球传高或传低、拉开或集中。

2. 调整传球

将一传不到位或离网远的球,调整成便于扣球学生进攻的球,称为调整传球。在比赛中,场上每个学生都有调整传球的任务。调整传球以传高球为主,所以要充分利用蹬地伸膝、伸臂及屈指、屈腕的全身协调力量将球平稳传出。调整传球应根据扣球学生的位置来调整传球的角度、弧度和落点。传球路线与球网形成的夹角越小越有利于进攻球员扣球。一般来说,调整传球时,传球的落点应在扣球员的前方,约在进攻线附近为宜。

3. 背向传球

背向传球可利用球网全长增加进攻点,使进攻战术更丰富,具有一定的隐蔽性和突发性。传球时,主要靠手感来控制球的方向、速度和落点。背向传球拉开高球时,要充分利用蹬地、挺胸、展腹和向后上方提肩、伸臂等动作将球平稳传出。

4. 侧向传球

侧向传球技术适用于一传来球近网或平冲飞向球网的球。侧向传球可增加进攻的隐蔽性,有时还可以用来做传球吊球。侧向传球的难度较大,准确性较差。

5. 跳起传球

跳起传球主要用于传网上高球和即将过网的一传球。在跳起传球时主要是掌握好跳起时间,在身体上升到最高点时传球,尽量提高击球点。这样既可以加快进攻节奏,还有利于两次球进攻。

6.传快球

根据扣球学生的特点和扣球的上步速度、起跳时间、弹跳高度和挥臂击球动作等,主动把球"传"到扣球学生最方便扣的地方。

7.一传

在接轻发球、接推送过来以及较高的吊球、拦回球时,采用传球的方法更能保证一传的准确到位。还可以直接传二次球进攻,或突然直接将球快速传入对方空当。接大力发球或扣球时,用传球技术做一传容易漏球或"倒轮"。这时一定要做好预判,看准球的速度、弧度及落点,选好位置,腕、指保持适度紧张,伸臂及时、快速,两手同时接触球体将球平稳向上送出。送出的球以不转为好。

8.传球吊球

传球吊球是指传球学生在进行传球前突然改变传球动作和方向,将球传入对方空当。它是传球学生应该掌握的一项攻击性很强的传球技术,分为双手吊球和单手吊球两种。

(1)双手吊球。以侧传吊球效果为好。当迎球动作开始时/突然改用侧传和背传的动作,将球传向对方空当。传出的球弧度要低,应紧挨着球网上沿飞向对方的场区。

(2)单手吊球。在双手传球动作开始前的瞬间,突然高举一只手臂,五指稍并拢,轻拨球的侧下方,使球落入对方的空当。单手吊球的击球点应稍靠近球网,并尽量升高。吊球的速度要快,攻击性才强。吊过去的球必须有明显向上的弧度。

9.第三次传击球

当第三次击球无法阻止进攻时,常用传球和扒球的方式将球推向对方场区。传球时,腕、指适度紧张,用蹬地、伸膝、伸臂和压腕的动作,将球快速地传入对方空当或后场两角。

传球时,保持良好的手形和传球的身体姿势。良好的身体姿势要求:稳、准——身体重心稳,对准来球;仰、迎——头仰、手仰,用手去迎接一传;伸、送——伸膝、伸腰、伸肘,送手腕弹击球。

传送的重、难点:

重点:传球手形是否规范,击球点是否准确。两者都会影响传球的效果。

难点:传球时的身体协调用力与配合,主要是上下肢动作的连贯协调。

三、气排球传球技术教学与训练

(一)传球的特点

1.进攻时传球多。要求传球学生移动、取位及时,身体平衡能力强。

2.移动、转身动作多。作为队伍的桥梁和枢纽,传球学生在比赛中要不停地移动、取位。传球学生不论是后排插上传球,还是网前换位后的传球,以及拦网、扣球,保护后的接应传球,都需要移动、取位和转身。移动的目的是快速取位,做好传球准备。转身是为了对正传出球的方向,提高传球的准确性。

3.身体位置和传球手法变化大。由于一传来球是不规律的,因此,传球学生应据球的方向、速度、落点、弧度等具体情况,采用不同的姿势和手法对待,将球传到预定的位置,达到有效进攻的目的。

针对以上特点,对传球学生要求如下:

第一,基本功扎实。基本功包括眼功、脚功和手功。眼功:视野开阔、眼观四方,环视能力强,既能看到本方学生的情况,又能观察到对方的布局,思考战术打法,决断快速,对策有效。观察时机应在一传出手后、传球出手前。脚功:移动快,取位好。根据一传情况,准确判断,及时起动,迅速移动到最佳的传球位置,做好传球的准备,并要有较好的重心稳定性、身体灵活性和动作协调性。手功:传球手法好,应变能力强。掌握送、压、抖、翻等多种传球方法,能在同一击球点位置上传出各种方向、落点和高度的球,做到一点多线,传球具应变性、隐蔽性和攻击性;能根据进攻学生的助跑、起跳情况,主动调整变化传球的动作和节奏。

第二,意志顽强。作为全队的核心、灵魂,传球学生必须做到在任何情况下不骄不馁,沉着冷静,善于战斗。除此之外还要有立足本职、任劳任怨、不计得失、甘当配角的精神,与队友通力协作,为同伴创造良好的进攻机会。

(二)传球个人技术教学与训练

1.原地自传:要求把球传向头正上方,高度为离手1.5~2 m,连续进行3组,每组20次。

2.对墙自传:距离墙50 cm左右,上、中、下连续传球20次,完成3组。

3.两人一组背传:一人抛球,另一人背传,传球20次,每人完成3组。

4.三人一组背传:三人直线站位,各相距2 m。两边学生抛球或传球给中间学生,连续转身背传球10次,各完成3组。

5.四人换位背传:1号位两人,先由一人传球给3号位,3号位传给2号位,2号位传到1号位后跑到1号位,学生顺时针随球跑动,一组20次,完成3组。

6.对墙或对网连续跳传球:掌握好起跳时机,空中保持平衡,10次一组,完成2组。不能碰墙或触网。

7.两人一组跳传:连续做跳传练习,10次一组,完成2组。

(三)教学与训练中应注意的问题

1.教学中应注意的问题

(1)传球采用完整教学法,首先建立传球技术动作的完整概念。教学时,应先着重于手形、击球点和用力地准确与协调练习,然后逐步过渡到手指、手腕的弹击和控制球的能力练习上。

(2)教学中尽量采用触球次数多的练习,并在初学阶段就结合近距离移动的传球练习,以利于形成正确的击球点和手形,为学习者进一步学习难度较大的传球打下良好的基础。

(3)教学时自始至终要强调正确手形、正确的击球点和协调用力三个环节。同时要注意指出易犯的典型错误动作,以便于学习者在学习过程中进行正误对比。

(4)初学者一般怕戳手,怕弧度高、力量大、速度快的来球。因此,要从解决手形入手,从易到难,循序渐进。多传近距离、低弧度和速度慢的球,避免学习者手指局部负担过重,减轻其心理压力。

2. 教学与训练中的难点及练习方法

(1)教学与训练难点

一是取位。传球取位是否得当是传球的基础。能否做好这点取决于传球前的判断、快速合理地移动,因此必须重视步法训练。

二是手形。手形是传球技术教学与训练中始终要抓的一个重点,也较难掌握。因为触球时手形正确与否直接影响手控制球的能力和传球的准确性,同时也直接影响传球质量。初学者只有掌握了正确手形才能保证击球点正确并较好地运用手指、手腕的弹力。

三是传球的高度、弧度、速度。各种战术球都有特定的高度、弧度、速度,要求传球力度要适宜。这就要求传球手掌握不同传球的概念,在传球时用力正确,手控制球的能力强。这些能力建立在良好的球感基础上,良好的球感使传完球后手指有一个微调补偿作用,从而使传球手同攻手的进攻配合相吻合。

四是传球手与攻手主动配合默契问题。传球手与攻手的默契在长期的练习中产生,传球手应主动运用技术,寻求与攻手的最佳配合。如通过提高击球点和降低击球点慢出球以及通过控制球的飞行速度、弧度、高度等手上动作,将传球手与攻手的时间配合调整在最佳范围之内。

五是视野。保持视野开阔是传球必不可少的一项基本功。传球手视野开阔的一般表现为:在场上能观察到扣球手的上步方向、时间和节奏及扣球手起跳腾空后的动作;视野较为开阔的学生除了上述表现外,还能观察到拦网学生的动向。如何扩大传球手的视野是教学训练的一大难点。在传球过程中,要求传球手保持清醒的头脑。在移动取位传球的过程中,传球手要善于运用及合理分配眼睛的主光和余光来观察传球目标及扣球、拦网动向。要培养和开阔传球手的视野,提高传球的意识很关键。

(2)教学与训练顺序

传球技术动作方法较多,动作细致,在教学安排中应作为主要内容,进行重点学习和掌握。教学时先学习原地传球,再学习顺网传球和移动中的传球,最后学习各种战术传球。具体顺序是:正面双手传球,顺网传球高球,向 4 号位调整传球,背传高球,2 号位调整球,侧传,双手跳传,单手跳传、挡托、顶/吊、处理网上球、网前球、入网球,传近体前快球、传小弧度短平快、直线短平快球,传平拉开球,传后排强攻球等。

(3)教学步骤讲解与示范

①讲解与示范

a. 讲解:教师首先讲解传球技术在比赛中的作用,然后讲解传球技术的特点和动作要领。讲解内容的先后顺序一般是:脚的站法、下肢姿势、身体动作、手形、击球点、触球的部位、迎击球的动作及用力方法。

b. 示范:教师先做完整传球动作的示范,然后做分解示范,也可以边讲解边示范,或重点示范传球的关键技术环节,还可结合正面示范、侧面示范进行教学。

②组织练习顺序

组织练习顺序为:徒手模仿练习、原地传球练习、移动传球练习、背传球练正传球练习、跳传球练习。

（4）练习方法

①徒手模仿练习

a.原地模仿练习:徒手做传球准备姿势,听教师的口令依次做展体、伸臂动作练习。重点体会传击球前的准备姿势、身体协调用力的动作和传击球的手形。

b.原地传球练习:重点让学习者体会触球手形、击球点位置和身体协调配合动作及传球用力的全过程。两人一组,一个人做好传球的手形,持球于脸前上方,另一个人用手扶住球,持球者以传球动作向前上方伸展,体会身体和手臂的协调用力,要求另一个人纠正持球者的手形及身体动作。

②原地传球练习

a.每人一球,自己向前上方抛球;做好传球手形,在击球点位置将下落的球接住,然后自己检查手形。

b.原地自传练习:要求把球传向头正上方,传球高度离手1~1.5 m,连续传30次为一组。

c.对墙自传练习:要求距墙50 cm左右连续对墙自传球,体会正确的手形和手指、手腕用力的肌肉感觉。

③移动传球练习

a.每人一球,行进自传球练习:要求传球手形正确,移动迅速,保持正面传球。

b.每人一球,向左、右、前、后移动传球练习:要求自传一次高球,再传一次低球,提高控球的能力。

c.两人一组,一抛一传练习:要求抛者向左、向右、向前、向后抛球,传球者根据来球方向快速移动传球。

④背传球练习

a.每人一球,自抛背传球练习:要求将球抛到头上,两手腕向后仰,掌心向上,依靠蹬地、展体、抬臂、伸肘动作把球传向后上方。

b. 3人一组,背传球练习:3人各相距3 m左右,两边的人抛球或传球,中间的人背传球,要求同上。

⑤调整传球练习

a.两人一组,在网前相距6 m,用调整传球动作传高弧度球练习:要求利用蹬腿、伸臂动作传球。

b.移动调整传球练习:4号位学生传一般球至5号位,5号位学生传球到1号位,1号位学生将其调整到4号位。要求依次循环练习。

⑥跳传球练习

a.每人一球,对墙连续跳传球练习:要求掌握好起跳时机,在空中保持好身体平衡,靠快速伸臂动作将球传出。

b.两人一组,连续面对跳传球练习:要求同上。

（5）常犯错误及纠正方法

传球技术常犯错误与纠正方法如表2-2所示。

表 2-2　传球技术常犯错误与纠正方法

技术	常犯错误	纠正方法
正面传球	击球点过高或过低	1. 做各种步法移动后接传球,保持在额前接住球,提高判断、选位能力; 2. 传固定球,体会正确的击球点; 3. 自传或对墙练习
	手形不正确,大拇指朝前,手不是半球状,手指触球部位不准确	1. 教师进一步示范、讲解; 2. 自己进行抛接高球(约 1~2 m)练习,体会手吻合球动作; 3. 对墙近距离连续传球,体会手指触球部位; 4. 用小篮球、实心球等做抛接球练习
	手指、手腕弹击力差,有拍打动作	1. 做手指、手腕的力量练习; 2. 用足球、篮球做传球练习,增加手指、手腕力量; 3. 多做平传球练习、远传练习
移动传球	取位不及时,对不准来球,人与球关系不合适;控球能力较差,把握不准传球力量	1. 结合移动步法练习,先从近距离开始,逐渐加大难度、延长距离,反复做移动、取位对准传球方向练习; 2. 学会上身移动重心,上身能前后左右倾斜地传球; 3. 多做平传练习,保持正面击球; 4. 连续自传不同方向、不同高度的球,体会传球力量的控制,提高手控球能力
背传	击球点不正确,过前或过后	1. 强调击球点宁前勿后,保持正面的击球点; 2. 做自抛向后传球练习; 3. 做弧度高低结合的自传球练习
	用力不协调,不会后仰、展胸、翻腕、大拇指上挑	1. 移动对准球,保持击球点在头的上方; 2. 背传时强调蹬腿、展胸、抬臂、翻腕上挑动作; 3. 在击球点较低的情况下练习背传
跳传	选择起跳点不准确,人与球关系保持不好	1. 多做原地起动和移动练习; 2. 提高判断能力,选择合适的起跳点; 3. 传不同距离和弧度的来球,保持良好的人与球关系

第四节　气排球扣球技术

一、气排球扣球技术种类及动作分析

学生在进攻线后在空中跳起,用一只手或手臂在本方场区上空将高于球网上沿的球击入对方场区的击球方法叫扣球。

扣球是气排球技术中攻击性最强的一项技术。一个球队的攻击力往往取决于该队的扣球技术水平。一场比赛中的扣球得分一般占整队得分的 60%～70%,是胜利的关键,也是一个队争取主动、摆脱被动、鼓舞士气、压制对方的最积极有效的武器。

扣球的攻击性主要体现在它的速度快、力量大、变化多,可以扣出各种不同功能、不同时间、不同角度、不同落点的变化球,使对方难以拦网、防守和组成反击,从而使本方能顺利夺得发球权和比分。

气排球扣球技术随着气排球运动的发展而不断创新和提高。气排球扣球的发展特点主要体现在两个方面:打破学生位置分工的限制,每个学生既是一传手也是扣球手;充分利用网长和纵深,更多运用变向、变步的助跑起跳方法,使扣球技术向着高度、速度、力量方向发展。扣球技术有三种分类方法:一是按动作分,有正面扣球、勾手扣球、单脚起跳扣球;二是按区域不同分,有原地起跳扣球、后排扣球、调整扣球;三是按运用方法分,有转体扣球、转腕扣球、打手出界扣球、超手扣球、轻扣球、吊球、冲跳扣球、后撤扣球等。

(一)气排球扣球技术种类

1. 单脚起跳扣球

单脚起跳扣球是球员在助跑的最后一步单脚蹬地,另一只脚直接向前上方摆动帮助起跳的一种扣球方法。单脚起跳扣球在气排球比赛中常常用于战术进攻及处理球。单脚起跳时由于另一只脚不落在地面而是直接上摆,且起跳时腿下蹲较浅,因而它比双脚动作快 0.2 s 左右。它在充分利用助跑速度的同时,利用到右脚积极上摆的协调动作,比双脚起跳冲得更远、跳得更高。利用它既能扣定点高球,又能追求起跳扣低弧度球,有利于控制时间和空间,这对突破和避开拦网有较大的作用。

采用单脚起跳扣球,准备姿势可采用一步、两步或多步助跑,助跑的路线与进攻线的夹角不宜过大或过小,以免触线犯规。助跑后,左脚跨出一大步,身体重心稍向后倾,在右脚向上摆动时,左脚用力蹬地,起跳的同时两臂积极配合上摆。起跳后的扣球动作与正面扣球基本相同。扣球结束后双脚落地缓冲,做好下一个动作的准备。

2. 勾手扣球

气排球比赛中,球员在起跳后侧对球网,运用勾手动作挥击球的扣球技术称为勾手扣球。其特点是:力量大,可增加扣球点,扩大进攻面,隐蔽性强,对方不易拦网;传球远网时,仍能保持有利的进攻位置,并能弥补起跳过早冲到球前的失误。勾手扣球一般用于处理由后场传来的调整球和远网球。

动作方法(以右手扣球为例):助跑的最后一步时左肩转向球网,或在起跳后在空中转向球网;起跳后上身稍向后仰,向左扭转,右肩下沉,右臂上提至体侧,掌心朝上,五指微成勺形;像勾手大力发球一样猛力向左侧收腹,带动手臂的挥动击球;手臂充分伸直,向左前方画弧;在头的右前上方最高点用全掌击球的后中下部,击球后,面向球网。落地时,为避免受伤,力争双脚同时落地,由前脚掌过渡到全脚掌,同时迅速屈膝缓冲下落力量,并做好下一动作准备。

勾手扣球时应特别注意两点:一是起跳后,应使身体保持在球与网之间,便于掌握击球;二是充分利用收腹转体的动作带动手臂击球,以保证球的威力。

3. 调整扣球

扣球学生扣从后场区调整传到进攻线附近的球称为调整扣球。调整扣球是各种扣球的综合运用,是强攻能力的集中体现。在比赛中,调整扣球的数量比较多,掌握好调整扣球的技术对提高得分、减少失分有重要的作用。由于后场区调整传球的方向、角度、弧度、速度和落点不同,故扣球的动作有所区别。可用正面扣球、勾手扣球和单脚起跳扣球等,以保证攻击力。

调整扣球时应注意的问题:扣球学生要及时调整好扣球的角度,熟练掌握各种助跑起跳方法(如多步、一步、原地踏步、倒跨步、后撤步),看准来球位置,合理运用助跑技术,调整好人与球的距离,保证有利的进攻位置;在空中要灵活地转动身体、手和手腕,手法要多变,控制好扣球的力量、路线和落点;不断提高腰腹的爆发力、手臂的挥动速度和腕、指扣球的能力;准确掌握扣球部位和推压动作。

4. 冲跳扣球

冲跳扣球是气排球常用的主要扣球技术之一。起跳扣球技术动作结构与正面扣球动作基本一致。在进攻线后起跳,充分利用向前起跳缩短与网的距离。冲跳扣球步频快、距离长、速度快,无须制动和深蹲,助跑步数一般为两步和三步。起跳时的主要技术特点:起跳前双腿稍蹲,两只脚拉开一定的距离,两臂在体侧主动向前摆动;起跳后,抬头挺胸,上身前倾,手臂上举,后拉幅度小,主要利用甩前臂动作发力,以肘为轴,加强屈肘和甩腕动作。击球时,右臂向前上方,手臂伸直至最高点用全手掌击球后中部,同时用手腕推压使球加速上旋飞行。

(二)气排球正面扣球技术分析

正面扣球是气排球扣球技术中最基本的一种方法。由于面对球网,便于观察,故准确性较高,加之正面扣球挥臂动作灵活,能根据对方防守情况随时改变扣球的路线和力量控制落点,因此进攻效果较好。初学者必须掌握好正面扣一般球后再学习其他扣球技术。

正面扣球的完整动作过程如图 2-22 所示。

1. 动作方法

(1)准备姿势:扣球助跑前采用稍蹲姿势,两臂自然下垂,站在离网 2 m 左右处,身体转向来球方向,眼观来球,做好向各个方向助跑起跳的准备。

(2)助跑:助跑开始时,左脚先向前迈出一步,紧接着右脚再快速跨出一大步,左脚及时并上右脚,踏在右脚之前,两脚尖稍向右转,两臂绕体侧向上引摆。

(3)起跳:在右脚助跑跨出最后一步(即第二步),左脚并上右脚踏地制动的同时,两臂自后向前摆动,随着双腿蹬地向上起跳,两臂配合起跳有力地向上摆动,同时快速展腹带动身体

图 2-22　正面扣球

腾空而起。

（4）空中击球：起跳后，挺胸展腹，上身稍向后仰并稍向右转，右臂向后上方抬起，肘高于耳，身体呈反弓形。挥臂时，迅速转体、收腹发力，依次带动臂、肘、腕各部位关节向上方成甩鞭动作挥动。击球时五指微张，以掌心击球为主，全掌包满球，在手臂伸直最高点的前上方击球的后中部，同时主动用力甩腕，屈指控制住球，并向前下推压，使扣出的球上旋（见图 2-23）。

（5）落地：落地时两脚前掌先着地，再迅速过渡到全脚掌着地，同时顺势屈膝、收腹，以缓冲下部的力量，做好下一个动作的准备。

2.技术分析

（1）助跑

助跑的目的，一是接近球，选择恰当的起跳点；二是利用助跑的水平速度配合起跳，增加弹跳高度，助跑的方向、速度和步数根据来球的方向、速度、弧度、落点来决定。助跑第一步要小，找准上步方向，第二步要大，调整身体与球的距离，处理好人、球

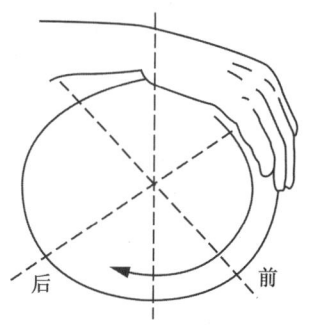

图 2-23　推压动作

位置关系。

①步法:助跑的步法种类有很多,在运用中要因球而异、因人而异,力求灵活、适应性强。但无论采用几步助跑,第一步要小,最后一步要大。现以右手扣球助跑为例分析如下:

第一步:左脚向来球的落点方向自然迈出一步,其主要作用是确定助跑方向。这一步要小,但要对正上部的方向,因此也叫方向步。

第二步:步幅要大,步速要快,使支撑点落在身体重心之前,身体稍向后倾,重心自然后移和降低,从而有利于制动。

第三步:即最后一步,要以右脚的脚跟先着地,再过渡到全脚掌着地,这样有利于控制身体的前冲力,增加腿部肌肉的张力,提高弹跳高度。这一步起着调整身体与球的距离、决定起跳点的重要作用。

②助跑的时机:助跑过早或过晚,都会影响扣球的质量。传球低或传球速度快时,起动要早一点,球高则晚一点;动作慢的学生起动要早一点,动作快的则起动晚一点。

③助跑的路线:根据传球来球的落点不同,扣球学生助跑的方向和路线不相同。以4号位学生扣球为例,其助跑路线主要有三种:扣集中球时采用的斜线助跑;扣一般球时采用的直线助跑;扣拉开球时采用的外绕线助跑(见图2-24)。

(2)起跳

①起跳的步法:助跑的最后一步称为起跳步,它既是助跑的结束步伐又是起跳的准备动作。常用的起跳步法有两种:一种是并步起跳,即一只脚跨出一大步后,另一只脚迅速向前并步,随即蹬地起跳。利用这个方法可调整起跳时间,适应性强,制动效果好,身体重心易保持稳定,但对起跳高度稍有影响。另一种是跨步起跳,即一只脚跨出一大步的同时,另一只脚也跟着跨出去,有腾空的阶段,两脚同时落地,蹬地起跳。这种方法能充分利用人体下落时的重力

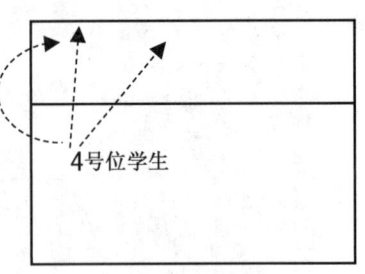

图2-24　助跑路线

加速度,增加弹跳高度,但不利于加快助跑速度,易影响起跳节奏,不利于快攻起跳。

②起跳的位置:一般选择在距离球一臂之远的位置起跳。这样才能保持好身体和气排球合理的位置关系,便于充分发挥全身的力量,保持较高的击球点。

③起跳的摆臂:起跳时的手臂摆动一般有两种方法:第一种,划弧摆臂。以肩关节为轴,两臂经体侧后再向前上方划弧摆动。这种摆臂可根据需要来变化划弧的大小,动作连贯协调,便于调整摆臂速度和节奏,适应性强,运用较普遍。第二种,前后摆臂。两臂由体前先向后摆动,然后由后向前上方直接摆动。这种摆臂幅度较大,摆动较有力,有利于提高弹跳高度,但因动作大,使空中的转体动作不便,对及时快速起跳有影响。

(3)空中击球

①挥臂方法:当起跳身体腾空后,左臂摆至身体前方,协调保持上身的空中稳定。击球手臂应屈肘置于头侧,肘高于肩,身体呈反弓形。挥臂前合理的屈肘动作,可以缩短挥臂时以肩为轴的转动半径,提高挥臂的初速度。随之变摆臂为屈肘,加长转动半径,增加挥臂的线速度。在挥臂转动角速度不变的情况下,上臂甩得越直,挥动半径越大,线速度也越快,扣球越有力。这种挥臂的方法既能扣高弧度球,也能扣低、平弧度球,适用范围广。

②击球动作:击球时,要求击球的手有巨大的动量,全身协调的击球力量是利用手臂的鞭

打式动作,最后通过手腕的甩动和加速,由全手掌作用于球体。所以,击球时应注意三点:一是要打准。全手掌击球,用全手掌包住球,与球相吻合,以保证手腕关节很好地参与整个甩鞭动作。二是在最高点击球,手臂向前上方挥击时应有提肩动作。在击球的瞬间,手臂要充分伸直。三是充分发挥前臂加速度。前臂应有明显的抽鞭动作,带动手腕的甩鞭动作,并在手掌触球后继续加速,以加大对球的作用力。

③击球点:扣球的击球点应在手臂甩直的最高点的前上方。手臂与躯干的夹角为160°。一般近网扣球的击球点略靠前,远网扣球的击球点应保持在头的上方,用全手掌击球的后中部,手腕有明显的推压动作,使球急速上旋飞入对方场区。

3. 动作要领

一小二大三制动,助跑动作方向清;挥臂抬肘要过肩,收胸振臂腰腹力;带动臂腕鞭形甩,全掌包压高击点。

二、气排球扣球技术运用分析

(一)原地和一步起跳扣一般球

在气排球扣球中,原地和一步起跳扣一般球的运用比较多。这种扣球的主要动作特点是采用快速起跳的方法,能够比较好地选择扣球的时机,对各种传球广泛适用。动作方法:原地或并步起跳,即原地踏跳或一脚跨出一大步后,另一脚迅速向前并步,随即蹬地起跳。动作方法的关键是快速起跳,选择适宜的起跳时机,找准起跳点。

(二)转体扣球

在起跳或击球过程中改变上身方向的正面扣球称为转体扣球。转体扣球与正面扣球的动作方法大致相同,主要区别是将击球点保持在左(右)侧前上方。击球时,学生在空中利用左(右)转体和收腹的动作带动手臂左(右)挥动,以全手掌击球的左(右)侧上方来改变扣球的方向。

(三)转腕扣球

扣球学生在扣球时突然利用肩、前臂和手腕的转动来改变扣球的路线称为转腕扣球。

1. 向外转腕扣球

扣球时,以右手扣球为例,起跳动作与正面扣球相同,但击球点应该保持在右肩前上方。击球时,右肩上提并稍向右转,前臂向外转,手腕向右转并甩,同时上身和头部向左偏斜,以全手掌击球左侧上方,击球时肘关节应伸直以加快挥手臂的速度。

2. 向内转腕扣球

扣球时,击球点应该保持在头的左前上方,前臂内转,手腕向左甩动,以全手掌击球的右侧上方。这种扣球主要用于后排右和后排中扣斜线球。

(四)扣快球

扣快球是气排球比赛中以快、巧制胜的有效技术,是快速进攻的手段之一。扣球时,扣球学生在传球学生传球出手时或出手前瞬间快速起跳,并迅速挥臂(以前臂手腕为主)击球,使对方学生来不及拦网。扣快球时助跑距离短、速度快,角度一般与进攻线呈 45°角,要浅蹲快跳,以便于加快起跳速度,跳起在空中等球;击球手臂后引动作要小,主要利用含胸、收腹的动作,带动前臂和手腕快速鞭打式挥动,用全手掌击球的后中上部。

(五) 打手出界

打手出界是指扣球学生有意识地使扣出的球触及拦网学生的手后飞出界外的扣球方法。

当球传到进攻线附近上空时,扣球者对准拦网者收手的外侧部位击球;还可以将球扣在拦网者的手指尖部位,使球出界。

(六) 超手扣球

超手扣球是指扣球学生利用自己的身高和弹跳优势,将球从拦网者手上空击入对方场区的一种扣球方法。超手扣球应充分利用助跑起跳来增加弹跳高度,保持较高的击球点;充分利用收胸动作带动挥臂,在挥臂最后阶段手臂要向上充分伸直,利用前臂加速挥动和甩腕动作,以全掌击球的后中部,使球从拦网者手上方呈长线飞出。

(七) 轻扣球

轻扣球是指扣球学生佯装大力扣球,而在击球前瞬间突然减慢手臂挥动速度,将球轻轻击入对方场区的一种扣球方法。轻扣球的助跑、起跳、挥臂动作应与扣重球一样逼真;但在击球前瞬间手臂挥动速度突然减慢,手腕放松,用全手掌包满球,大力向前上方推搓,使球呈弧线落入对方场区。

(八) 吊球

吊球是指扣球学生以轻盈的单手传球动作,使球避开或越过拦网者的手落入对方场区的一种击球方法。扣球学生起跳后佯做扣球,然后突然改变动作,以单手传球的手法击球的后下方或侧后方,将球吊入对方场区。击球时,手臂应尽量伸直,争取高点击球。

吊球时应注意:起跳后,首先要做出大力扣杀的动作,然后转入点球。要以手指、手腕弹击球。如对方有人保护拦网学生,可吊斜线球;如场中无人,可吊向中场;如人集中在中场,可侧吊向后场两个边角。

三、气排球扣球技术教学与训练

(一) 扣球技术练习

(1)加强前臂放松的练习。如:用 20 s 或 10 s 计算手腕快速甩动的次数;用绳鞭放松地做扣球动作,抽打墙的侧面;对着镜子做挥臂扣球的练习;在水池中提臂后放松挥动等。肩、肘、腕关节的放松是加快前臂挥动速度的前提。

(2)用小皮球对墙进行快速甩击练习。

(3)对墙自抛自扣。

(4)对墙扣目标。在离地面 1 m 高的墙上,画一个直径为 50 cm 的圆圈;采用正确挥臂方法,自抛自扣,力争每扣必中。如果10次扣杀能中6次以上,说明手控球有一定能力。初练可能只扣中2~3次,逐步可以提高到5~6次。开始不要用全力,但不能推打。为了提高学生的兴趣,可以采取比赛的方法。

(5)对墙连续扣反弹球。使用这个方法有提高手控制球的"球感"效果,但注意会产生击球点降低的情况,要求学生在练习中保持在头部上方的高度,用前臂抽打好每一次球,不能用上臂拖压球。

(6)站立扣低球。结合球网练习,有利于正确动作的形成。挥臂时要高点击准、打满,打出平冲长线的上旋球,弧形过网,这是训练控制球的一个重要方法。

(7)对墙隔绳自抛自扣。绳子安放在站位前,比右臂指尖低一个球的位置。对墙自抛自扣时,上身要放松,肩部充分上提。手臂甩出时用挥臂加速方法,向平前上方击球,既要注意伸直臂在最高点击球,又要注意扣杀时前臂的爆发力。

(8)对墙隔绳扣球。方法同(7),但是由他人抛球,这样能充分做好摆臂和挥臂的动作,力争在最高点扣杀。

(9)高网练习。在标准网的上方两个球的位置,拉一根与网平行的长绳,要求助跑起跳后在最高点击球,越过横绳做超手扣球,此法可以提高击球点。

(10)加强腾空后快速挥臂动作的练习。原地或一步助跑起跳后在空中做挥臂击球动作。此方法可帮助学生建立良好的空中感觉,且膝关节不易受伤。

(二)拦网个人战术教学与训练

(1)学生分别相对站在球网两边,原地用直臂、夹肩、小弧度摆臂动作向上连续拦网,10次一组,完成3组。

(2)同(1),网前左、右并步起跳拦网,5次一组,完成3组。

(3)从2号位开始做交叉步或并步拦网跳到4号位,再从4号位跳回2号位,5次一组,完成3组。

(4)两人一组网前对站立,一名学生做直线、斜线、打手出界动作,另一名学生做拦网跳,10次一组,完成3组。

(5)三名学生分别站在网前2、3、4号位,教师在球网对面连续比画数字手势,对应号位学生两人配合进行拦网跳,10次一组,完成3组。

(6)学生按比赛位置站在球场两边,教师在场外抛球组织进攻,一方进攻,另一方拦网。每轮5次,统计5轮拦"死"、拦起的次数。

四、气排球扣球战术教学与训练

(一)教学与训练难点

(1)保持适宜的人球关系。这是扣好球的关键之一,其影响因素有助跑起动时机、起跳踏跳时机、步伐的调整等,需要在学习中给予强调和重视。

(2)手控球技术及上旋球手法。手控球能力只有通过大量的练习才能提高。正确的上旋球手法可帮助学习者提高手的控球能力,在教学中应注意强调手腕的放松、主动用力的手指与球的完全吻合、主动的包球压腕动作。

（3）在最高点处伸直臂击准球。手击球瞬间要求伸直手臂以保持较高的击球点。一般要求躯干与手臂的夹角在160°左右,可较好发挥扣球力量,又可以保持较高击球点。

（二）教学与训练顺序

正面扣球技术是其他扣球的基础,教学中应首先学习,在此基础上再学习其他扣球技术和战术扣球。具体顺序为:2、3、4号位扣一般高球→2、3、4号位扣小弧度球→3号位近体快球→3号位短平快球→调整扣球。扣球技术比较复杂,初学时较难掌握,所以在教学时宜采用先分解再完整的教学法。将助跑、起跳和扣球挥臂环节分别进行教学,待学习者掌握后,再用完整教学法解决各技术环节的衔接问题,保证动作的连贯性和节奏性。

（三）教学与训练步骤

教师讲解扣球技术在气排球比赛中的作用、技术方法与动作要领,讲解的要点包括:

（1）助跑:助跑的时机、步伐、速度、重心。

（2）起跳:起跳的时机、方法,手臂同起跳的配合,踏跳的时机很重要。尤其要强调:不同的扣球技术都有各自的起跳时机。

在助跑、起跳的讲解中,教师要使学习者明确如何确定方向、步调,调整最后一步的大小、快慢、踏跳时间,这是保持好人球关系的关键。

（3）空中挥臂击球动作:包括挥臂击球的发力方法、手臂发力的顺序、挥击轨迹,伸直臂在最高点击球。要注意的是,不同的扣球技术有其特定的挥击动作方法,不能混淆。

（4）打上旋球手法:手腕在出球后必须有主动推压动作,使球呈上旋状态。

教师首先做完整扣球动作的示范,让学习者建立完整、直观的动作概念,然后做分解示范(可徒手,也可结合球),关键环节可用慢动作示范,必要时也可边讲解边示范,重点突出动作要领。教师示范扣球时,力量要适当,动作要轻松;要引导学习者观察技术动作的结构,挥臂动作的发力,击球的手法,球飞行的路线、弧度和旋转等。组织练习顺序:助跑起跳练习→挥臂击球练习→原地自抛自扣练习→助跑起跳扣抛球练习→4号位完整扣传球练习。

（四）练习方法

1.助跑起跳练习

（1）原地双脚起跳练习:全体学习者听教师口令练习原地起跳技术。要求双脚离地快速,两手臂配合画弧摆动起跳,顺势扣球,手臂上举、后引,抬头,展腹,身体呈反弓形,落地时由双脚前脚掌过渡到全脚着地,屈膝缓冲。

（2）一步或两步助跑起跳练习:集体听教师口令做一步或两步助跑起跳。要求练习速度由慢到快,手脚配合协调,注意控制身体平衡。

（3）学习者站在进攻线后,听教师口令向网前做两步助跑起跳练习,在此基础上再学习多步助跑、变方向助跑和跑动起跳。要求学习者注意助跑起跳的节奏和起跳点位置的选择。

2.扣球挥臂动作的击球方法和练习

（1）徒手模仿扣球挥臂练习:按规定的队形听教师口令做挥臂练习。

（2）扣固定球练习:扣吊球;或两人一组,一个人双手持球高举,另一个人原地扣固定球;

或自己左手举球,右手做挥臂击球练习。要求击球时全掌包满球,做快速鞭打动作。

(3)自抛自扣练习:每人一球,距墙 5 m 左右先抛一次扣一次,然后连续对墙扣反弹球;或两人面对相距 6~7 m 对扣,也可在低网上自抛自扣等。击球力量不宜过大,动作放松。手腕有推压甩鞭动作,使击出的球成旋飞行。

(4)扣抛球练习:两人或多人一组,一个人站在距墙 5 m 左右处抛球,另一个人或多人依次对墙扣抛球。在低网前进行一抛一扣练习,或在低网前轮流扣教师的抛球。要求抛球距离有近有远,弧度由低到高,扣球者选好起跳点,保持好击球点,挥臂击球手法正确。

3. 完整扣球练习

(1)扣球练习:扣球者每人一球,先将球传给前排学生,再由前排中学生把球抛给扣球者,扣球者上步助跑起跳扣球。要求掌握好上步起跳时机,在空中保持好人与球的位置关系。

(2)结合一传的扣球练习:接对方发的轻球,垫给传球手,然后传球手把球传给扣球者,由扣球者助跑起跳扣球。要求以中等力量扣球,注意正确的挥臂击球手法,选好击球点,防止触网或过中线犯规。

(五)易犯错误与纠正方法

扣球技术常犯错误与纠正方法(见表 2-3)。

表 2-3　扣球技术常犯错误与纠正方法

技术	常犯错误	纠正方法
正面扣球	助跑起跳前冲,击球点保持不好	1. 进一步讲解,并多做助跑起跳练习; 2. 做限制性练习,如设置障碍物起跳,在地上划出起跳点与落点; 3. 用助跑起跳做接高球或高压吊球练习,体会起跳至最高点手触球时间,保持人球位置
	上步时间早,起跳早	1. 以口令、信号限制起动起跳时间; 2. 固定传球弧度练习扣球
	挥击动作不正确,手臂挥击僵硬,肘关节下拖,鞭甩不充分	1. 甩球练习; 2. 对墙练习伸直臂击球; 3. 助跑起跳,将小球甩过一定高度的网; 4. 跳起放松做手臂甩鞭动作击固定球等
	击球手法不正确,手未包满球,击出的球不旋转	1. 击固定球,对墙平扣、打旋转; 2. 低网原地扣球练习; 3. 练习手腕推压、甩鞭动作
战术扣球	第一板快攻上步慢,影响整个战术组织; 第二板扣球上步慢,节奏不当,不能在起跳最高点扣球	1. 强调扣各种球的上步时间和起跳时间; 2. 看教师手势,练习突然起动、助跑,提高助跑起跳的速度

（续表）

技术	常犯错误	纠正方法
调整扣球	撤位慢,助跑不外绕,影响选择起跳点	1. 多做快速撤位、快速上步的助跑起跳练习； 2. 多做防守后再外绕助跑起跳扣球练习
	人球关系保持不好,手控制球能力差	1. 做自抛自扣高球练习,保持好人球关系； 2. 提高手腕推压技术,做对墙、隔网扣平球练习

（六）教学与训练中应注意的问题

（1）扣球技术是学习者最感兴趣的技术,学习者的积极性都比较高,但他们的注意力往往会集中在扣球效果上,而忽视对正确扣球技术动作的掌握。在教学中,教师应注意引导学习者掌握正确的正面扣球技术动作,为其他扣球技术的学习打好基础。

（2）在扣球教学中,教师应重点抓好助跑起跳和正确的击球手法练习,解决好人与球的位置关系。初学时,应加强分解动作练习,并适时地与完整动作练习相结合。对于扣球技术的重要环节,必须进行反复、系统的强化练习。

（3）在教学课中,扣球教学的安排,尤其是上网扣球,最好在传、垫球技术练习之后。因为在扣球练习时学习者的积极性高,如果把扣球教学安排在课程的前段,对其他技术的学习有影响。

（4）初学者上网扣球时,应由教师或技术水平较好的学习者担任传球,以便使初学者掌握助跑起跳的时间和起跳点,尽快正确掌握扣球技术。

（5）为了教学方便,对扣球教学练习的总体要求是:先徒手扣,后传扣;先轻扣,后重扣;先远网,后中网;先扣高球,后扣快球;先抛后扣。

第五节　气排球发球技术

一、气排球发球技术种类及动作分析

（一）正面下手发球

正面下手发球是发球技术中最简单,最容易掌握的发球方法,适合初学者。其特点是发球成功率高,攻击性弱。

1. 动作方法

（1）准备姿势:以右手击球为例,端线后面对球网双脚前后开立,左脚在前,左手持球于体前一前臂、右肩平行对应位置。

（2）抛球与引臂:左手将球平稳地上抛,高度以略高于击球点为宜。在抛球的同时,右臂伸直,向后上摆,摆臂幅度不宜过小,两眼盯住击球部位。

(3)摆臂击球:手臂后引与肩齐平时,右脚蹬地,重心前移同时,手臂由后上方向前,贴近躯干呈钟摆挥动。击球时,五指并拢,手腕稍向后仰,用掌根的坚实平面击球的中下部,摆臂动作大且快速,重心随击球动作前移,使作用力通过球体重心。击球后,手臂随惯性前摆。

正面下手发球的动作方法如图 2-25 所示。

2.技术分析

(1)手臂自然伸展,引臂幅度大,以肩为轴,加速摆臂做向心运动。摆臂过程中不曲臂、不曲腕,摆臂轨迹与躯干靠近并平行。

图 2-25　正面下手发球

(2)击球部位是球的后下方和侧后方。前者加大球的初射角度,保证发球的过网率;后者加大球的水平移动速度,增加发球威力。

(3)抛球时,幅度不宜过大,球离手即可。击球位置处于腹前一前臂距离。

(4)摆臂同时,右脚蹬地,重心随着摆臂动作前移过渡至左脚,击球后可随着惯性而上步。

3.动作要领

抛球低,有利于击准球。击球时,重心前移与挥臂同等重要。

(二) 正面上手发飘球

正面上手发飘球是指采用近似正面上手发球的形式,击球力量通过球体重心,使发出的球不旋转但不规则地飘晃飞行的一种发球方法。这种球使一传学生难以判断其飞行路线和落点。由于发球学生是面对球网站立,便于观察情况和瞄准目标,所以攻击性和准确性较高。

1.动作方法

正面上手发飘球的动作方法如图 2-26 所示。

(1)准备姿势:面对球网,两脚自然前后开立,左脚稍向前半步,右脚在后,重心在后脚上,左手持球在胸前。

(2)抛球与引臂:左手将球平稳地抛在右额前上方,高度以略高于击球点为宜。在抛球的同时,右臂上举后引,肘部适当弯曲,并高于肩,两眼盯住击球部位。

图 2-26　正面上手发飘球

（3）挥臂击球：手臂后引与肩齐平时，由后上方向前平击，手臂的挥动轨迹不呈弧形，而是自后向前做直线运动。击球时，五指并拢，手腕稍向后仰，用掌根的坚实平面击球的中下部，挥臂动作小且快速，使作用力通过球体重心。击球面积要小，动作幅度要小，力量要集中。触球瞬间，手指、手腕要紧张，发力突然、快速、短促，手臂要突停，手腕不加推压动作。

2. 技术分析

（1）为了击准球，抛球要平稳且不宜过高。抛球时，左手应将球向上托送一段距离，抛球高度以略高于击球点为宜。

（2）发球仰角的大小应根据学生的高矮来变化。身材高、力量大、爆发力强的学生，发球的仰角应小些；反之，仰角应大些。

（3）发飘球的用力主要靠挥臂。动作幅度可小一些，但发力要突然、快速、短促。如果发远距离飘球，动作幅度可相应加大，以获得较大的初速度。击球时，触及面要小，力量要集中、短促，手腕不能前屈或左右晃动。

（4）为了升高击球点，提高攻击性，可采用跳起发飘球。这种发球不需要全力起跳，当球抛至最高点时，学生应及时跳至最高点击球。击球时，挥臂动作小而快速，使作用力通过球体重心，使球不旋转地向前飞行。

3. 动作要领

抛球稍低略靠前，挥臂轨迹呈直线，掌根击球穿重心，击后突停腕不屈。

（三）正面上手侧旋发球

正面上手侧旋发球不同于正面上手发飘球的形式，击球时不能使击球作用力通过球体重心，而是击打球体的某一侧，使发出的球侧旋飞行。旋转球的曲线受纵向漂移量、球的初速度、旋转速度、空气速度、空气阻力系数等诸多因素的影响，落点难以判断，同时击球部位和击球力量的不同，也会造成球的旋转方向、飞行路线和落点的不同。

侧旋转球分左旋和右旋两种。以右手发右旋转球为例作如下分析：

1. 动作方法

（1）准备姿势：面对球网，两脚自然开立，左脚在前，左手托球于体前。

（2）抛球与引臂：左手将球平稳地抛于右肩的前上方，高度适中，同时右臂抬起，曲肘引臂，肘与肩平，上身稍向右侧转动，抬头、提胸、展腹，手掌自然张开。

（3）挥臂击球：蹬地使上身向左前转动，同时收腹，带动手臂向球网的右前上方快速挥动，用全手掌击球的右侧。击球时，手指和手掌要张开与球吻合，手腕要迅速做推压动作使击出的球呈侧旋飞行。击球后，随着重心前移，迅速入场。

2. 技术分析

（1）准备姿势和发球的取位。准备姿势：应把左脚置前，这样便于引臂和身体自然右转。发球的取位：应根据对方接发球布阵情况和攻击目标以及发球学生自身的特点来选定。发球者站在 6 m 发球区内的不同位置，身体面向不同的方向，可变化发球路线、发球速度，使发球的落点呈多点分布。

（2）抛球与引臂。抛球时，应以手臂上抬、手掌平托上送的动作将球抛至右肩上方约 1 m 的高度。球一定要平稳上抛，不要屈腕，以免球体旋转和偏离上抛垂直线，造成击球不准。与此同时，右臂顺势后引抬起，充分拉长胸腹和肩关节前侧的肌肉。

（3）挥臂击球。挥臂时，发球是从两足蹬地开始，上身迅速向左侧旋转，其旋转幅度大于正面双手发球。同时收腹，以腰胸带动肩、肩带动大臂、大臂带动前臂、前臂带动手腕，最后将力量传送到手上。

击球时，手腕要瞬间向内转动，用全手掌快速、猛烈地切击球的右侧，同时手腕、手臂随着球的旋转方向向左加力、伴送，作用力从球体重心偏右的方向通过，使球体向左旋转，球向左前方成弧线飞行。

击球时，手掌切腕动作的大小，应根据击球点的位置进行调整，击球点高或离身体近时，切腕动作要稍大；击球点偏前或较低时，切腕动作要稍小，以免击球出界或入网。同时，击球点和力量应根据发球人的站位和球的落点来决定。

一般来说，发左侧旋转球时，站在发球区右侧，击球点于球体重心右侧 1/3 处。击球挥臂出手方位面向球网方向右转 30°，用中等力量击球的实效性较高。

3. 动作要领

正确采取发球位，平稳抛球不屈腕，全手切击球侧位，合理控制点和力。

（四）勾手大力发球

勾手大力发球通过充分利用转体收腹力量带动手臂猛烈挥动来击球，发出的球速度快、力量大，弧线平且低，旋转强，下落快，使对方接发球困难，在心理上给对方造成较大威胁，攻击性较强。其具体动作如图 2-27 所示。

1. 动作方法

（1）准备姿势：左肩对网，两脚自然开立，与肩同宽。两膝微屈，上身前倾，重心落在两脚之间偏右脚上，双手或左手持球于胸腹前。

（2）抛球与摆臂：平稳垂直地将球抛至左前上方约 60 cm 处，抛球同时右腿弯曲，重心移至右脚，上身向右侧转动和倾斜，同时右臂向右后侧摆动，抬头看球。

图 2-27　勾手大力发球

（3）挥臂击球：随着右脚用力蹬地，挺胸转体，带动手臂沿弧形轨迹迅速向上挥动，在左肩前上方击球。击球时要看准球，迅速收胸、收腹、转体，身体重心移至左脚上，击球的手臂要伸直，以提高击球点。击球手自然张开呈勺形，以全手掌击球的后中下部。击球的一瞬间，手腕、手臂要做迅速地明显向前推压动作，使球呈上旋飞行。击球后，迅速进场比赛。若击球点太靠前，球不会过网；若击球点太靠后，球会飞出对方场外，应击球的后中下部。

2. 技术分析

（1）勾手大力发球时，应将球平稳地抛至左肩前上方，高度适中，约 60 cm。抛球不宜偏后，以免影响发力。在左手抛球的同时，右臂放松地向体侧后下方摆动，身体重心稍向后移。

（2）挥臂击球时，手臂挥动轨迹成弧线，击球瞬间手指和手掌要张开与球吻合，同时手腕要迅速做推压动作,使用全身最大爆发力去击球。

3. 动作要领

平稳垂直上抛球,重心移至右脚上,蹬地挺转带手臂,全手掌击球后中下部,手腕迅速加推压动作。

(五) 跳发球

跳发球是指发球学生在端线后,利用助跑在空中跳起,像扣球似的将球击入对方场区的一种发球方法。跳发球时,由于学生在空中跳起,身体能充分展开,不仅可以升高击球点,而且缩短了击球点与球网的距离,从而增强发球的力量和攻击性。但与其他发球技术相比,跳发球的技术难度和体力消耗较大。这是在中青年男队和高水平女队中经常采用的攻击性强、威胁性较大的一种发球技术。跳发球的动作同远网扣球相似,它可运用 1 步、2 步或多步助跑的方法,可正对网助跑或斜对网助跑。

1. 动作方法

跳发球的动作方法如图 2-28 所示。

(1) 准备姿势:学生面对球网,站在离端线 2~4 m 处,以右手或双手持球置于体侧或腹前。

(2) 抛球:用右手或双手将球抛至右肩前上方,抛球高度一般为肩上方 1 m 左右,落点在端线附近。

(3) 助跑起跳:随着抛球动作,学生迅速向前做 1~3 步助跑起跳。起跳时,两臂要协调且积极地摆动,幅度要大。

(4) 空中姿势:起跳后挺胸展腹,身体呈反弓形,右臂屈肘,向后引臂,五指自然张开呈勺形,手腕要放松。

(5) 空中击球:击球时利用收腹带动手臂向前上方挥动,以全手掌包住球,击球的后中部,手腕要向前推压,使球上旋飞行。

(6) 落地:击球后,尽量使双脚同时落地,两膝顺势弯曲缓冲,迅速入场。

2. 技术分析

(1) 抛球。抛球是发好跳发球的基础。抛球时以手托球,由下向击球手臂的前上方抛出,在球离手时,手掌、手指拨动球体,用力方向从球体的后下方通过,使球在向前上方抛起的同时产生上旋。抛球的高度和距离应根据学生的具体情况而定,个子高、冲跳能力强的学生,可将球抛得高一点、离身体远一点,这样更能发挥学生身高力大的优势。一般宜用击球手臂单手抛球,这样有利于助跑动作的协调配合。

(2) 助跑。助跑是为起跳和击球做准备,也是为了获得较大的水平速度。采用 1 步助跑,可有效地选择合理的起跳时机,提高选手对所抛出球落点等方面的判断能力。采用 2 步、3 步助跑,由于助跑距离增加,有助于提高助跑速度和向前冲跳。

(3) 起跳。起跳的步法分为并步法和跨步法。并步法适用性强,能调整起跳时间,现在大多数球员都采用此种起跳方法。根据并步距离、双脚起跳时间,并步法又表现为垂直型起跳和前冲型起跳。前冲型起跳方式比两脚平行式并步起跳更适合跳发球向前冲跳的特点;有利于身体重心位置前移并增加身体的初速度,同时使身体处于向前起跳的良好姿势;能进一步提高人体重心腾起的速度和高度,也有利于观察抛球的高度和落脚点,选择合理的起跳时机。起跳

图 2-28　跳发球

并步时,在左足尖内扣的制动和前脚掌首先着地的同时,加速向上摆臂,有助于保持一定的前冲和提高起跳速度。

(4)空中击球。大力发球的空中击球动作同远网扣球相似,身体展开幅度应更大些,击球的同时手腕加速推压,合掌包球动作也应更充分些。击球作用力不完全通过球体重心,使球经过手臂有力击打,加快上旋球的飞行速度,并使上旋球的落点比非上旋球的落点离网更近,提高发球攻击性,能更好地发挥击球力量,又不致使球不过网或飞出界外。

3. 动作要领

抛球前上助跑跟,双臂摆动两脚蹬,起跳身体成反弓,空中击球掌包压。

二、气排球发球技术运用分析

学生在发球区内,用手或手臂将自己抛起的球直接击入对方场区的技术动作称为发球。

发球是比赛的开始,也是进攻的开始。比赛开局的第一个球就是发球,开局的好坏,对取得比赛胜利有至关重要的作用。发球应有威力,攻击性强。发球的指导思想:一是先发制人,争取主动,直接得分;二是破坏对方一传,打乱战术意图,造成进攻困难,增加对方心理压力;三是增强本方学生自信,减轻本方防守压力,为反攻创造条件。

发球时可运用正面、侧面、上手、下手、勾手等方法,采用原地或助跑起跳。无论采用哪种发球,都必须做到以下三点:一是平稳抛球。以单手或双手将球平稳抛起,每次抛球的高度、距离和落点都要固定。二是击球要准。击球时,要以正确的击球动作击中球体的相应部位,使用力方向与发球方向一致。三是手法要正确。击球手法不同,发出球的功能有所不同。气排球发球技术种类较多,根据动作结构大体可分为八种:正面下手发球、侧面下手发球、正面上手大力发球、正面上手发飘球、正面上手侧旋发球、勾手大力发球、跳发球、发高吊球。其中正面上手大力发球、正面上手侧旋发球、勾手大力发球、跳发球是目前中青年气排球运动爱好者运用最多的发球方法。正面下手发球和侧面下手发球是初级技术,适合初学者。

三、气排球发球技术教学与训练

(一)教学与训练难点

1. 抛球

抛球是发好球的前提条件。教学中不仅要求学习者注意抛球的高度、位置,更要掌握抛球的方法。一般是先把托球手掌置于腹前,抛球时,整个手臂向上伴送,将球向预定位置送去,尽量不使球旋转。发一般球和飘球的抛球高度、位置不相同,要提醒学习者加以区别。

2. 挥臂的轨迹和用力方法

不同发球方式的挥臂不尽相同,受挥击用力方法和击球方法制约。上手发球的挥臂击球前一段轨迹是向击球臂前上方画弧进行运动;发飘球的击球后一段轨迹基本平行于地面向前运动。上手发球要求整个手掌击球,打出上旋球,接触面积较大,要求手上的动作自下而上做甩鞭打击动作;发飘球时要求击球面积小,作用力通过球体重心,要求手上动作由后向前做甩鞭打击动作。

3. 击球的手形

发球时要求以相应的手形击打球体,这也是发一般球和飘球的区别。发一般球要求五指张开,适度紧张,击球时手指与球自然吻合,手腕主动向前做推压动作,使球上旋飞行。发球时要求五指并拢,手腕稍向后仰,用掌根或手掌部位击球。击球前,手臂加速挥摆,击球用力且通过球体重心,使球呈无旋转轴的状态飞行。

(二)教学与训练顺序

发球技术种类较多,技术动作难易程度差别较大,所以教学时应根据学习者的性别、年龄及身体素质等情况来确定教学的先后顺序。一般情况下,对于女性而言,通常先教下手发球,后教正面上手发球,然后是正面上手发飘球、发侧旋球和大力发球等;对于男性而言,可先教正面上手发球,然后是正面上手发飘球、大力发球、发侧旋球等。

(三) 教学的方法与步骤

1. 讲解与示范

(1)讲解：首先讲解发球在比赛中的作用及教授的技术动作名称和技术特点，然后讲解发球的准备姿势与抛球方法及挥臂与击球的手法，最后教下肢与腰协调配合用力的方法，反复强调抛球是发好球的前提，击球是关键，手法是保证。

(2)示范：在发球区先做侧面的发球完整动作示范，然后做正面、侧面的分解动作示范。正面示范主要看两脚站距、抛球方法，侧面示范主要看抛球方位、挥臂轨迹、击球手法、击球部位、两脚前后站距、下肢配合情况和击球时重心前移过程，加深学习者对发球技术动作的直观感受。

2. 组织练习的顺序

徒手模仿练习—抛球练习—击固定球练习—抛球与击球动作结合练习—巩固和提高发球技术的练习—结合教学比赛的实战发球练习。

(四) 练习方法

1. 徒手模仿练习

(1)徒手模仿发球挥臂动作和发球动作，体会发球的用力顺序和挥臂的轨迹，掌握正确的挥臂方向和速度。

(2)徒手做抛球挥臂击球动作，即做好准备姿势，左手前置于击球点位置，右手做挥臂击球练习(即在左手掌上)，体会击球部位，练习挥臂、发球动作的协调性。

2. 抛球的练习

(1)做抛球练习时，要求掌心向上平稳地托送球，练习正确地抛球，体会球的位置和高度。

(2)每人一球站在球网或墙边，利用球网或墙壁的适当高度作为标记，练习抛球的准确性。

(3)做抛球、拍臂和引臂的配合练习，体会抛球的位置、高度和振臂的连贯动作。

3. 发固定球练习

(1)模仿发球挥臂动作，击固定球练习：一个人双手持球置于腹前或头上，另一个人做挥臂击球练习(不要将球击出)，体会击球部位和手法。

(2)击固定球或吊球练习：一个人将球按在墙上，一只手挥臂练习击固定球或将球吊在空中，练习挥臂击球，要体会挥臂动作、击球手法、击球点和击球部位。

(3)两人对击练习：三人一组，甲持球，乙、丙面对面站立，做好发球的准备姿势，同时做击球动作，体会挥臂击球时手臂发力的感觉。

4. 抛击结合

(1)抛球与挥臂击球练习：结合抛球、引臂和挥臂击球的练习(不要把球击出)，体会引臂和挥臂击球动作的协调配合。

(2)对墙或拦网抛球与挥臂击球练习：体会抛球与手臂挥摆的配合以及击球手法的用力。

(3)两人站立两条边线上对发练习：体会挥摆路线与正确的击球部位；或两人隔网对发球

练习,体会控制球的力量与弧度。

5.巩固和提高发球技术的练习

(1)巩固发球练习:三人一组,发球与接发球者相距6 m左右,另一个人站在接发球者右前方做传球,规定次数与组数,完成后交换。

(2)发球准确性练习:可将对方场区划分成左右或前后部分;或规定区域,进行点线(直线、斜线)结合的练习。

(3)发球攻击性练习:在准确性的基础上,降低发出球的弧度,加快发球速度,发力力度重、飘度大的球,或向场地的"三角区"1号、5号位边角处做发球练习。

6.在比赛的条件下提高发球技术

(1)三人一组,轮流在3号、2号位扣球后,迅速跑到发球区发球。

(2)在前排拦网后迅速跑到发球区发球。

(3)发球后迅速进场防守。

(4)发球比赛。将学生分成人数相等的两组进行发球比赛,统计后看结果。

(5)在分组比赛或对外比赛中进行统计,检查发球结果。

(五)常犯错误与纠正方法

发球技术常犯错误与纠正方法如表2-4所示。

表2-4 发球技术常犯错误与纠正方法

技术	常犯错误	纠正方法
正面下手发球	1.准备姿势太高; 2.抛球太高、太近或太远; 3.抛球与摆臂击球不协调; 4.挥臂方向不正、击球不准	1.讲清概念,练习前做好准备姿势; 2.直臂抛球距身体一臂远,二三十厘米高,反复练习抛球动作; 3.反复结合抛球做摆臂练习; 4.击固定球或对墙做发球练习
侧面下手发球	1.抛球太高或偏离击球轨道; 2.抛球与摆臂击球不协调; 3.未用蹬转力量,带动右臂向前上方摆动	1.直臂抛球距身体一臂远,反复练习抛球动作; 2.反复结合抛球做摆臂练习; 3.反复徒手做蹬转及挥臂路线练习
上手大力发球	1.抛球偏前、偏后; 2.挥臂未呈弧形; 3.手掌未包满球,无推压动作; 4.用不上全身协调力量	1.讲清抛球方法,做固定目标抛球练习; 2.反复徒手做弧形挥臂或扣树叶练习; 3.对墙轻扣,体会手包球推压动作,使球前旋; 4.掷小网球或用杠铃片对墙平扣
勾手大力发球	1.抛球偏前、偏后; 2.挥臂动作不协调; 3.没有用上转体的力量	1.做固定目标抛球练习; 2.徒手做挥臂击球练习; 3.做击固定球练习

（续表）

技术	常犯错误	纠正方法
跳发球	1. 抛球与助跑起跳脱节； 2. 起跳空中手与球保持不好； 3. 全手未打满球； 4. 腰腹力量用不上	1. 多练抛球、助跑与起跳的配合； 2. 做跳起空中击吊球练习； 3. 多扣抛向进攻线以后的球； 4. 做对墙连续扣反弹球练习或多扣远网球

（六）教学与训练中应注意的问题

（1）发球技术教学应遵循由易到难、由简到繁的循序渐进的原则，在教学顺序安排上，通常是先教下手发球，再教上手发球，最后教发飘球、勾手大力发球及其他发球技术。

（2）教学中要抓住抛球动作与摆臂击球动作的协调配合，因为抛球是前提，击球是关键和难点。抓住抛球和击球这两个环节，强调抛球要平稳，挥臂动作要迅速协调，击球要准确。

（3）在发飘球教学中，教师应简单讲解球产生飘晃的原因和发飘球在动作上与发旋球的区别，让学习者能主动思考发飘球的动作方法，体会击球用力的方向、手法和击球的部位。

（4）在发球教学中，教师要合理安排教学与练习的时间，每次课应保证一定时间的发球练习。发球练习一般可安排在两个大运动量练习之间，或安排在课的后段进行。

（5）在发球教学中，由于发球练习的形式比较单调，教师要不断变化练习的方法，提出具体要求，并将发球与接发球结合起来进行练习。

四、气排球发球战术教学与训练

（一）三发三接

甲组发，乙组接，规定球必须发场内。10次之后，接发球的站位轮转一次。甲组发完30次以后与乙组交换。教师做发球个人记录评选；发球得分率减去失误率，高者为获胜方；接球到位率减去失误率，高者为获胜方。

（二）两发两接

两人同时发球，一个人发直线，另一个人发斜线；另一组两人，一个人接直线，另一个人接斜线。只对发球做记录，发出场外或发不过网为失误，发到中路不计数，每组发接球10次，最后算总分。

（三）发球计分法

两人发球两人接球，只记录每个人的发球情况。发球直接得分计5分、对方破攻计4分、对方调整攻计3分、对方半到位球（同附近）计2分、对方到位球（进攻线附近）计1分、发球失误计0分，积累每人的总分。20次后大组互换，教师记录得分，可采用每日计分或每周累积分方法进行计分，按积分高低进行奖励，每周累计分数方式较有系统性和连贯性，使学生每次发球都注意发球质量，有意识地去钻研发球技术，同时可促进一传技术的提高。

(四)集体发球法

三人一组,按比赛中轮次站位,规定每人必须发3个性能好的球,由教师进行评定,一般球不计数,若有一次失误则同组人发的另8个球统统不算。此方式可锻炼学生在实战中的心理素质,如对同伴发球失误的态度及自己应持的态度,教师在练习中发现学生出现不正常的情况时,应指出并给予帮助,但不能放松要求。

(五)准确性发球法

按学生自定的线和点,发10次和20次准确性很高的球,要求有一定的弧度等,或规定在一定发球次数中必须发多少次确定落点的球,超过限制次数则不算。

第六节　气排球拦网技术

一、气排球拦网技术及技术动作分析

(一)拦网技术分类

学生靠近球网,在高于球网处阻挡对方来球的行动并触及球称为拦网。

拦网既是防御也是进攻。拦网不仅可以将对手的扣球拦回、拦起,减轻后排防守的压力,而且可以直接将球拦死,是得分的重要手段。此外,它还能干扰和破坏对方进攻战术的组织,削弱对方进攻的锐气,动摇对方的信心,给对方造成心理上的威胁。就防守而言,拦网是气排球比赛中的第一道防线,就攻防转换看,拦网又是第一道进攻线。因此,拦网水平的高低直接影响着比赛的胜负。"拦网不好,后排难保",目前,气排球比赛的一大看点就是扣球与拦网。高水平的气排球比赛,如果没有强力的拦网,后排防守将是非常困难的。拦网技术的提高和创新,对促进气排球运动的发展有着重要的作用。

拦网技术按人数分为单人拦网、双人拦网、三人拦网;按运用与变化分为原地拦网、移动拦网、拦强攻、拦快球、拦远网攻等。

(二)拦网动作分析

拦网由五个部分组成:准备姿势、移动、起跳、空中击球和落地。

1. 单人拦网

单人拦网的具体动作见图2-29、图2-30。

(1)准备姿势:学生面对球网,两脚左右开立,约与肩同宽,距网20～30 cm,两膝微屈,两臂屈肘置于胸前。

(2)移动:常用的步法有一步、并步、交叉步、跑步等。无论采用哪种移动步法,都要做好制动动作,以保证向上起跳时,避免触网和冲撞同队学生。移动时,根据对方扣球学生位置及

图 2-29　单人拦网(正面)

图 2-30　单人拦网(侧面)

时向左或向右移动。

(3)起跳:有原地起跳和移动起跳两种。原地起跳时,两腿屈膝,重心降低,随即用力蹬地,两臂以肩发力,在体侧近身处,划弧前后摆动,帮助身体迅速跳起。移动起跳时,其动作与原地起跳一样,但要注意制动并使移动与起跳动作紧密衔接。

(4)空中击球:起跳时,两手从额前沿球网向上方伸出,两臂向上伸直并保持平行,两肩上提,两臂中间的距离小于球体,手指张开成勺形,两个手指应保持平行。当手触球时,两手要突然紧张,手腕适度下压盖在球的前上方。在中青年组和大学生组比赛时,拦网者应对对方扣球伸手过网主动用力"盖帽",使反弹角度小,对方难以防守。在拦远网球时,对方击球点高,可采用手腕后仰方法,堵截扣球路线,将球向上拦起。

(5)落地:拦球后,要做含胸动作,以保持身体平衡。手臂从网上收回至本方上空,再屈肘向下,以免触网。与此同时屈膝缓冲,双脚落地,随即转身面向后场,准备接应球或做下一个动作准备。

2.技术分析

(1)选位。以五人制为例,一般情况下,2号、4号位学生站在离边线0.5~1 m处,3号位学生居中。当对方以中间跑动进攻为主时,2号、4号位学生相靠近,采用中间站位。

(2)移动。拦网的移动方向主要是两侧和斜前方,移动时采用的步法可归纳为"前一步,近并步,中交叉,远跑步"。

①一步移动:须做好制动作,保持垂直向上起跳。

②并步移动:向两侧近距离移动时采用。其特点是能保持面对球网,便于观察,也便于随时起跳,但移动速度较慢(见图2-31)。

③交叉步移动:中距离移动时采用。其具有移动速度快、制动能力强、控制范围大的特点。交叉步移动后,两脚着地时,脚尖应转向球网(见图2-32)。

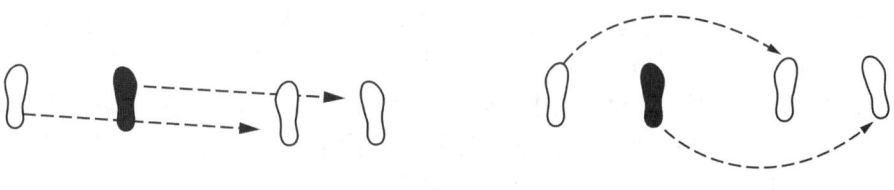

图 2-31　并步移动　　　　　　　　　　图 2-32　交叉步移动

④跑步移动:移动距离较远时采用。其特点是移动距离远、速度快,但对制动要求高。如向右侧跑动时,身体先向右转,顺网移至起跳位置时,应先跨出左脚制动,接着右脚再向前跨出一步,使两脚平行站立,脚尖转向球网,随即起跳。若脚尖来不及转向球网,应在起跳过程中边跳边转身,保证起跳后能面向球网进行拦网。为了提高拦网高度,可以将助跑与起跳衔接起来,即助跑起跳。

（3）起跳

①起跳位置:在正确判断对方扣球路线的情况下,拦网学生应选择能拦住对方主要进攻路线的位置起跳。拦一般球时,应迎着对方助跑线路起跳;拦拉开球时,应选择距离边线 50 cm 左右的位置起跳;拦后排远距离学生扣球时,应选择对方学生扣球与本方场区两低角连线成的夹角的中央位置起跳。

②起跳时间:掌握正确的起跳时间,是拦网成功的基础。拦网学生的起跳时间,应根据传球的高度、离网的远近、扣球者起跳时间和扣球动作特点确定。如果扣球是远网高球,起跳应迟些;如果是低球,起跳应早些。一般情况下,拦网者应比扣球者晚跳,以小腿发力为主。拦高球时,采用深蹲高跳方法。拦快球时要快速起跳,做到浅蹲快跳,以小腿发力为主。

（4）拦网方法。青年组比赛中,拦网时手指微屈,自然张开,手掌与扣球路线垂直或前倾。触球时,手腕、手指保持一定的紧张,利用压腕、压指将球拦回对方场地。触球点保持在网上或对方场地上空。

①手臂动作:拦网触球时,两臂应尽量伸直,两肩尽量上提,前臂靠近球网,两手间距离小于球体的直径,以防止漏球。伸臂动作要及时,过早容易被打手出界或者被避开拦网扣球,过晚不易及时阻拦扣球。一般应在对方扣球瞬间伸臂较好。

②拦球动作:拦网触球时,两手应主动用力"盖帽"或捂球,使球反弹角度小,对方保护困难。为了防止对方打手出界,拦网学生的外侧手掌应稍向内转。拦远网球时,为了提高拉网点,可不采用压腕动作,而是尽量向上伸直手臂或手腕。如对方击球点高,不能罩住球时,可采用手腕后仰的方法,堵截扣球路线,将球向上拦起。

3. 动作要领

判断准,移动快,主动稳,及时跳,伸臂拦。

(二)集体拦网

由前排两个或三个学生互相靠近,同时起跳组成的拦网称为集体拦网。集体拦网是比赛中最常用的一种拦网形式,主要在对方大力扣球时采用。集体拦网的技术动作与单人拦网相同。

1.动作方法

(1)双人拦网。双人拦网是集体拦网的主要形式。其主要由 2 号、3 号位学生或 3 号、4 号位(五人制)学生组成。对方从 4 号位组织拉开进攻时,应以本方 2 号位学生为主,3 号位学生移动靠拢协同配合拦网。如果较集中,则以 3 号位学生为主,2 号位学生进行配合拦网。当对方从 3 号位进攻时,应以本方 3 号位学生为主,4 号位学生协调配合。当对方从 2 号位进攻时,则以本方 4 号位学生为主,3 号位学生协调配合。

(2)三人拦网。在五人制比赛中,多在对方高点强攻的情况下运用集体拦网。在组成三人拦网时,不论对方从哪一位置进攻,都应以本方 3 号位为主,两边 2 号、4 号位学生为辅进行配合。

2.技术分析

集体拦网时,应以一人为主拦学生,其他学生为配合学生。但主拦人员不是固定的,一般情况下以距离对方扣球点近的学生为主。主拦学生必须抢先移动到对方扣球点的位置,做好起跳准备,配合学生则迅速移动靠近主拦学生准备同时起跳。起跳时,学生的手臂应在体前划小弧向上摆伸,尽量垂直向上起跳。队友之间的距离一定要合适,距离太远,起跳后将出现"空门";距离太近,起跳时互相碰撞和干扰。手臂在空中既不能重叠,造成拦击面缩小;又不能间隔太宽,造成中间漏球。扣球靠近边线时,拦网学生外侧的手应当内转,以防打手出界。

二、气排球拦网技术实战运用分析

(一)拦强攻扣球

拦强攻扣球的击点高,力量大,路线变化多。在比赛中一般采用双人或三人(五人制)拦网对待强攻扣球。拦强攻扣球要求拦网学生慢起高跳,充分发挥高度优势。

1.拦集中球

集中球的击球点在标志杆以内一般距离区域,拦网者应以拦斜球为主,兼顾直线,当发现对方改变扣球路线时,要随即改换手法进行拦截。

2.拦拉开球

拉开球的击球点多在标志杆附近的上空,应尽量组织集体拦网。如果击球点在标志杆处,要拦其斜线;如果击球点在标志杆以内,外侧学生应拦其直线,外侧的手腕应向内转,以防打手出界。

(二)拦快球

1.拦近体快球

一般采用单人拦网,击球点靠近球网。拦网时,拦网学生与扣球学生同时起跳。起跳时要正对扣球学生,两手伸过球网接近球,力争把球罩住。

2.拦短平快球

短平快的传球顺网平弧度快速飞行,拦网时要人球兼顾,根据扣球学生的助跑路线和起跳位置进行取位和起跳,堵其主要扣球路线。

(三)拦打手出界球

拦打手出界球时,靠近边线拦网学生的外侧手拦击球的刹那,手掌应转向场内,以防打手出界。若遇对方明显的打手出界或扣平冲球的动作时,拦网者应及时将手收回,造成对方扣球出界。

(四)拦远网扣球

拦远网扣球点离网较远,应尽量组织集体拦网。拦远网时,手根据拦球高度向上伸,堵截主要扣球路线。拦这种扣球的关键是掌握好起跳的时间和选择正确的起跳位置。一般情况下应在对方击球的一瞬间起跳,单人拦远网时,应在正对其主要扣球路线的位置起跳;集体拦远网时,主拦学生在选择起跳位置时应留出一定位置让同伴与自己进行配合。

三、气排球拦网技术教学与训练

(一)教学与训练难点

拦网技术动作由准备姿势、移动、起跳、空中击球和落地五部分组成。要拦住不同的扣球,在拦网移动之前必须判断对方的扣球位置。要根据传球手传球的一些特点及扣球手的起跳点来选择拦网起跳点,要根据对方扣球者的击球动作来判断拦网的起跳时间及伸臂时间,整个拦网技术动作全过程都贯穿着判断起跳是否适时,这是关系到能否及时起跳拦住对方扣球的关键。选择合适的起跳时间,不仅要根据自己的弹跳高度,还要对传球高度、距高、弧度、速度及扣球动作幅度、挥臂、速度做出判断。

(二)教学与训练顺序

拦网技术教学,应在学习者初步掌握正确扣球技术之后进行。其教学顺序应是:先教单人拦网,再教双人和三人的集体拦网。拦网教学的重点是单人拦网。拦网教学应采取分解与完整相结合的教法,先学习拦网的手形和伸臂动作,再学习原地起跳的拦网动作,最后掌握完整的拦网技术。学习拦网移动步法时应先学习并步法,再学习交叉步和跑步。

(三)教学与训练步骤

1.讲解与示范

(1)讲解:教师首先讲解拦网技术在气排球比赛中的重要作用,再讲解单人拦网技术的动作方法和要领,包括拦网手形、助跑、起跳、空中拦击、落地等,最后重点讲解拦网的判断和起跳时机。

(2)示范:拦网示范应该采用完整与分解相结合,徒手与拦网相结合,正面、侧面与背面示范相结合的方法进行。采取完整示范是让学习者建立完整的拦网技术概念。正面示范是让学习者观察拦网手形、手臂间距及起跳动作;侧面示范是让学习者观察拦网时身体的完整动作以及手臂与网的距离;背面示范是让学习者观察拦网的判断、移动、起跳时机及网上封堵的区域和路线等。

2.组织练习顺序

拦网手形练习—移动起跳练习—结合球的完整拦网技术练习。

(四)教学练习方法

1.拦网手形练习

(1)徒手模仿练习:原地徒手练习拦网手形,要求两脚平行站立,两臂上举伸直,两手间距约 20 cm,十指自然张开。

(2)原地扣拦练习:两人一组,面对面相距 1 m 左右站立,一个人预先做好拦网手形,另一个人对准拦网者双手自抛自扣。要求扣球者准确地把球扣在拦网者的双手上,让拦网者体会拦网手形和拦网时的肌肉感觉。

(3)原地一扣一拦练习:两人一组,隔网站立,一个人扣球,另一个人拦网。要求扣球者把球扣在拦网者双手上,拦网者要根据扣球者的抛球情况及时伸臂拦网,体会触球的提肩压腕动作。

2.移动起跳拦网练习

(1)网前原地起跳拦网练习:学习者集中听教师口令在网前做原地起跳拦网练习。要求起跳后身体保持好平衡,既要有伸臂过网的拦网动作,又不能触网或过中线犯规。

(2)左右移动一步起跳拦网练习:教师站在高台上持球于球网上空,学习者依次在网前左右移动一步起跳拦网。要求学习者随教师举球位置变化而左右移动,移动制动与起跳动作要连贯。

(3)隔网盯人移动拦网练习:两人一组隔网相对,其中一个人主动向左、右移动起跳拦网,另一个人盯住对方,并及时移动起跳位置并在网上与对方击掌。要求平行网移动,防止触网,移动由快到慢,保持好人与网的合理位置关系。

3.结合球的拦网练习

(1)一抛一拦练习:两人一组隔网站立,一个人抛球,另一个人起跳将球拦回。要求拦网人注意起跳时间和拦网动作。

(2)拦固定线路的扣球:教师指定学习者在高台上轻扣固定直线球和斜线球,让学习者依次轮流助跑起跳拦网。要求区别拦直线球和拦斜线球在取位和拦网手形上的异同。

4.集体拦网练习

(1)原地起跳配合拦网练习:要求拦网者手臂上举伸直,保持适当间隔距离,以中间不漏球为宜。

(2)移动后配合拦网练习:两人一组,同时移动到中间位置起跳配合双人拦网,然后分别向两侧移动,要求配合学生主动与拦网学生配合,防止碰撞。

(3)结合各种进攻扣球的双人拦网练习:中间位置学生单人拦对方中间后排快攻一次,立即向前排右或前排左移动组成集体拦网,拦对方的后排强攻扣球。要求掌握拦快球与高球强攻的起跳时间及不同的手形变化。

(五)常犯错误与纠正方法

拦网技术常犯错误与纠正方法如表 2-5 所示。

表 2-5　拦网技术常犯错误与纠正方法

技术	常犯错误	纠正方法
单人拦网	起跳过早或过晚	1. 教师给予起跳信号,反复练习起跳时机; 2. 深蹲慢跳或浅蹲快跳
	拦网时两臂有向前扑打动作	1. 正误动作对比示范; 2. 在网边反复做原地提肩压腕动作; 3. 低网一扣一拦练习,强调收腹动作
	闭眼拦网或两手臂之间距离过大造成漏球	1. 拦网时眼盯球,养成观察球的良好习惯; 2. 示范两臂夹紧头部的动作或多做拦固定球的练习; 3. 网前徒手移动起跳,伸臂后不急于收臂,等落地时检查
集体拦网	互相踩脚或两人在空中相碰撞	1. 多练移动最后一步的制动动作; 2. 多练两人移动后并拦的起跳配合

(六)教学与训练中应注意的问题

(1)在拦网的教学中,应以学习单人技术为主,集体的拦网战术为辅。当学习者初步掌握了拦网技术后,应该增加结合扣球和防守反击的练习,使拦网、保护、防守及反攻扣球等技术互相串联和衔接。

(2)在教学中,必须抓好拦网的移动、起跳、伸臂、手形、拦击动作等环节的教学。在改进和提高阶段则应该重视判断能力,突然起跳能力,空中身体转动、倾斜的控制能力,拦网手法等基本功的练习,这样才能提高拦网的实战效果。

(3)拦网教学不能安排过早或过于集中。过早安排拦网学习,不符合排球技术教学的规律;过于集中学习拦网,不利于提高拦网的能力,甚至会影响学习者练习的积极性。所以拦网教学应安排在正面扣球和垫球防守以及简单的进攻战术之后,每节课单一地练习拦网的时间也不宜过长。

(4)在拦网教学中,要逐渐提高难度,一般先学单人拦网,后学集体配合拦网,然后学拦固定路线的扣球,再学拦变化路线的扣球;同时要强调拦网后的落地动作,以避免运动损伤。

四、气排球拦网战术教学与训练

(一) 指导思想及基本任务

1. 指导思想

冷静判断,快速移动,适时起跳,合理手形,跑动拦死。

2. 基本任务

根据对方扣球的情况,判断对手的进攻时机、路线与动作,利用时间、空间等变化因素采用不同手法,达到阻拦对方进攻的目的。尤其要重点拦防对方威胁性的进攻,保护本方防守薄弱的区域。

(二) 常见的拦网个人战术

(1)采用拦直线位置起跳向侧伸臂拦斜线,或在拦斜线位置上起跳拦直线的方法。

(2)改变空间拦网时手的位置。如在空中拦直线时突然移动手臂改为拦斜线等。

(3)制造假象,如有意露出中路空当,引诱对方扫中路,当对方扣球后即突然拦对方中路球,使对方受骗。

(4)在发现对方要打手出界时,可在空中及时将手撤回,造成对方扣球出界。

第三章
气排球战术教学与训练

第一节　实战中的集体战术训练

一、进攻战术教学与训练

(一) 教学难点

对于初学者来说,教学难点集中在各种进攻战术的站位、转位和位置交换。因此,教学重点应集中在一些简单打法上,比如对强攻、快攻等进行专门性练习,以利于学习者迅速熟悉自己的位置和职责。对于有一定基础的学习者来说,进攻战术的教学难点是强攻、快攻、立体进攻的有机结合。在这一阶段,学习者已经熟悉自己的位置和职责,而如何根据对方的情况打出不同的战术球就成为教学的关键。

(二) 教学顺序

先学习"中传球"进攻战术,然后学习"边传球"进攻战术,最后学习"插传球"进攻战术。在学习这三种进攻战术的同时,应结合学习相应的进攻配合,最后逐步练习各种难度较大的进攻打法和复杂的战术配合。

(三) 教学步骤

1. 讲解与示范

(1)讲解:教师首先讲解进攻战术的名称及特点,基本阵形及打法,不同位置的站位分工及职责。

(2)示范:采用沙盘、挂图或请5名学习者现场实际演示等方法,让学习者对进攻阵形建立直观的概念,然后在半场上按照进攻战术的要求,进行不结合球的模仿站位与跑动路线练习,让学习者初步体会和明确各个位置的分工与配合方法。

2.组织练习顺序

徒手模仿进攻战术站位练习—结合球在简单条件下练习—结合球在复杂条件下练习——在比赛条件下巩固提高练习。

(四)练习方法

1.“中传球”进攻战术的练习方法

(1)徒手模仿“中传球”进攻战术站位练习

教师让学习者站在自己的半场上按“中传球”进攻阵形站位,然后进行不结合球的模仿跑动和轮转练习,了解各位置的分工与配合方法。

(2)结合球在简单条件下的练习

练习一:教师在5号位向3号位抛、传球,3号位传球学生将球传给4号、2号位学生扣球,扣球后相互交换位置(见图3-1)。

练习二:场上5名学习者站成“中传球”接发球站位阵形,教师从对区抛球,学习者接发球练习“中传球”进攻战术(见图3-2)。

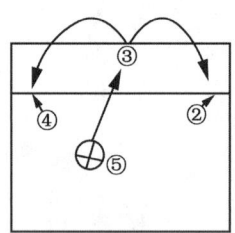 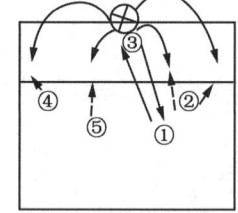

图3-1 结合球在简单条件下练习一　　　图3-2 结合球在简单条件下练习二

练习三:场上5名学习者按“中一二二”或“中一三一”接发球阵形站位,接教师从发球区抛球或下手、上手发球。学习者接发球后组织“中传球”进攻战术(见图3-3)。

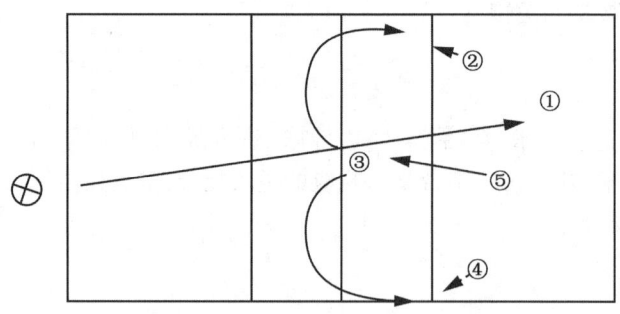

图3-3 结合球在简单条件下练习三

(3)结合球在复杂条件下的练习

练习一:场上5名学生按“中一三一”或“中一二二”接发球阵形站位,接教师从发球区发来的上手球。学习者接发球后组织"中传球"进攻战术,但在进攻学生扣球时,要求附近学生跟进保护,以提高学生的保护意识(见图3-4)。

练习二:方法同练习一。发球一方增加1名或2名拦网学生,给进攻一方增加网上的难度(见图3-5)。

练习三:方法同练习一。在接发球后,全队立即转入接拦回球进攻的练习(见图3-6)。

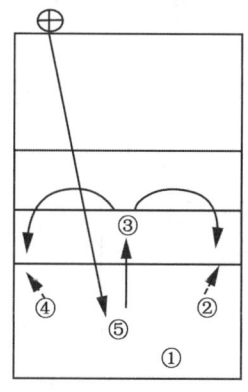 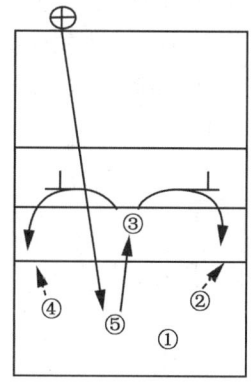 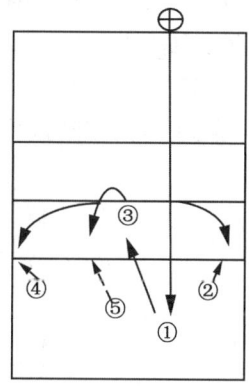

图3-4　结合球在复杂条件下练习一　　图3-5　结合球在复杂条件下练习二　　图3-6　结合球在复杂条件下练习三

(4)比赛条件下的巩固提高练习

练习一:4对4的接发球,组织"中传球"进攻与防反练习。要求两边发球区有专人发球,甲方发球,乙方接发球后组织进攻,甲方防守反击;反之,乙方发球,甲方进攻,乙方防守(见图3-7)。

练习二:5对5教学比赛,进行攻防对抗练习。教师在场外抛球给场上任意一方学生,然后练习"中传球"进攻和防反练习(见图3-8)。

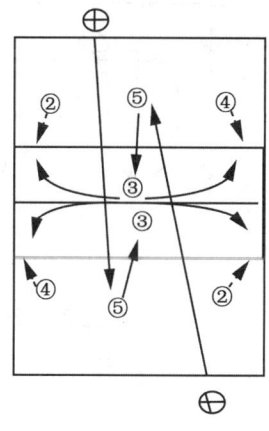 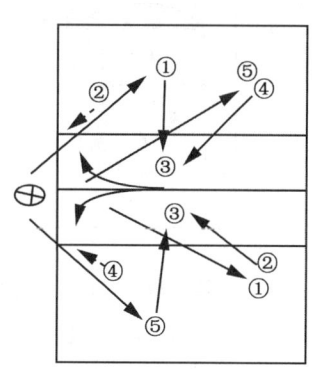

图3-7　比赛条件下的巩固提高练习一　　　图3-8　比赛条件下的巩固提高练习二

练习三:方法同练习二。但防守一方可增加单人拦网,以增加进攻方的难度。

2."边传球"进攻战术的练习方法

徒手模仿"边传球"进攻战术站位练习。教师让学习者站在自己的半场上,按"边传球"进攻阵形站位,然后进行徒手模仿跑动和轮转位置练习,熟悉"边传球"进攻战术各位置的跑动线路、分工及配合方法。

（1）结合球在简单条件下的练习

练习一：教师在 1 号位将球抛向 2 号、3 号位之间的传球位置，2 号、3 号位之间的传球学生把球传给 4 号位或 3 号位，分别由 4 号位或 3 号位的学生轮流扣 4 号位一般高球和 3 号位的半快球，进攻后交换位置（见图 3-9）。

练习二：学习者分别站在 4 号、3 号位准备扣球，由 3 号位学生将球传给 2 号位的传球学生，传球学生将球传给 4 号位或 3 号位的进攻学生扣球（见图 3-10）。

练习三：学习者分别站在 4 号、3 号位准备扣球，接教师从发球区或对方场区的抛球或轻发球，组织"边传球"进攻战术（见图 3-11）。

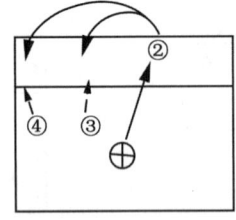
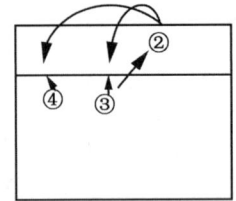

图 3-9　结合球在简单条件下的练习一　　　　图 3-10　结合球在简单条件下的练习二

（2）结合球在复杂条件下的练习

练习一：场上 5 名学生按"边一三一"接发球阵形站位，接起教师从发球区发来的上手球，组织"边传球"进攻。

练习二：方法同练习一。发球一方增加拦网，给进攻方增加网上难度（见图 3-12）。

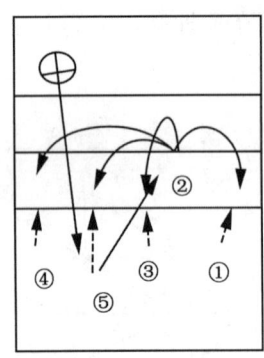
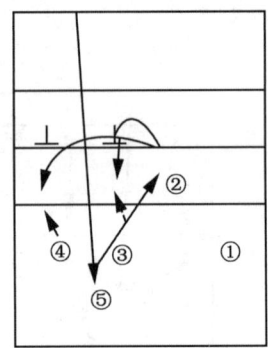

图 3-11　结合球在简单条件下的练习三　　　　图 3-12　结合球在复杂条件下的练习

练习三：方法同练习一。接发球"边传球"进攻后，立即进入接拦回球反攻练习。

（3）比赛条件下的巩固提高练习

练习一：3 对 3 组织"边传球"进攻与防反练习（见图 3-13）。

练习二：5 对 5 进行"边传球"攻防对抗教学比赛练习。教师在场外随时向场内任一方抛球，然后双方进行攻防对抗练习（见图 3-14）。

练习三：方法同练习二。教师连续向一方连续发 10 次球后，再换向另一方连续发 10 次。教师每次发球后，学习者要换一次位置。通过 5 对 5 的对抗攻防练习，提高学习者的战术运用能力。

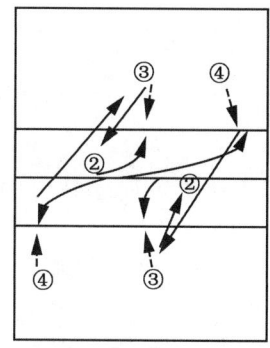

图 3-13 比赛条件下的巩固提高练习一

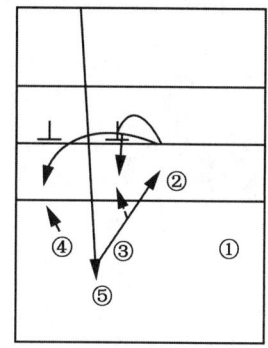

图 3-14 比赛条件下的巩固提高练习二

二、防守战术教学与训练

防守战术主要包括接发球防守、扣球防守、拦网防守和传垫球防守。

(一)教学难点

对于初学者来说,防守战术的教学与训练难点是让学习者根据本方拦网学生的情况正确地落位。一般来说,初学者多采用双人拦网,此时,1 名学生要防对方吊球,另外 3 名学生每人卡住一条线防扣球。对于有一定训练基础的学习者来说,防守战术的教学与训练难点能让其综合对方扣球和本方拦网情况,正确地落位和及时地补位。

(二)教学顺序

(1)接发球防守:若为五人制,先学习"中一三一"和"中二二"接发球的全队防守,然后学习"边一三一"和"边一二二"接发球的全队防守。若为四人制,先学习"中一三",然后学习"中二二"。

(2)接扣球防守:先学习单人拦网下的防守战术,再学习双人拦网下的防守战术,最后学习 3 人拦网下的防守战术。

(3)接拦回球防守:依次学习 4 人、3 人、2 人的接拦回球防守战术。

(4)接传垫球防守:根据对方采用传垫球时的情况和时机,依次学习 4 人、3 人等接传垫球的防守战术。

(三)教学步骤

1. 讲解与示范

(1)讲解:教师首先讲解防守战术的名称、特点,防守的基本阵形及跟进方法,学生的职责及相互间的配合,防守与反攻的衔接等。

(2)示范:运用挂图、沙盘或请 5 名学生现场实际演示等方法,使学习者了解防守阵形的组成,每个防守位置学生的职责和防守学生之间的配合方法等。

2. 组织练习顺序

徒手模仿站位无对抗条件下的练习—简单对抗条件下的练习—较激烈对抗条件下的练

习—比赛条件下的练习。

(四)练习方法

1.接发球防守练习方法

(1)徒手模仿站位练习:让 5 名学习者在半场上按防守位置徒手站位,然后依次轮转 5 轮。练习时可以随时让学习者说出自己的位置。

(2)结合球的练习:让 5 名学习者在半场上按防守位置站位,教师在另一侧发球,学习者接发球并根据分工组织进攻。学习者成功组织进攻 3 次后轮转一个位置,教师继续发球,学习者练习。需要注意的是,为了有效地练习学习者的防守站位,教师发球宜简单。

2.接扣球防守练习方法

(1)徒手模仿站位练习:让 5 名学习者在半场上按防守位置徒手站位,然后依次轮转 5 轮,使学习者明确每一轮、每个位置的分工和职责,能够根据对方和本方情况进行合理的取位。

(2)不拦网下的防守练习:教师隔网站在高台上扣球或吊球,学习者在无人拦网的情况下进行防守和反攻练习。

(3)结合拦网的防守练习:教师隔网站在高台上扣球或吊球,学习者单人或双人拦网。教师有意识地把球扣(吊)给 1 号、2 号、4 号、5 号位的学习者,学习者防守后组织进攻。

3.接拦回球防守练习方法

(1)徒手模仿站位练习:让 5 名学习者在半场上根据对方和本方情况进行跟进落位练习。需要明确的是,所有参与进攻战术的学习者都应该积极地选取位置接拦回球。

(2)结合球的练习:学习者组织各种徒手的进攻战术,教师拿球轮流在 4 号、3 号和 2 号位隔网站在高台上模拟拦回球和喂球,学习者跟进保护并组织一次有球的进攻。

4.接传垫球防守练习方法

(1)对方无攻时的站位练习:当对方一传将球垫飞,跟进保护学生将球调整到中、后场附近,第三次无法组织进攻时,学习者应练习快速后撤和换位,可以采用 5 人防守,尽量组织多点进攻战术。

(2)对方垫球过网时的站位练习:当对方传垫球直接过网时,前排学生已经来不及后撤,则由后排学生组织防守,此时可以练习二次球进攻或组织多点快攻。

(3)对方有意识地传垫球过网时的站位练习:当对方一传或传球击球,并有意识地突然传垫球过网时,本方应在接扣球防守阵形的基础上,积极补位防吊。这种情况下,应充分发挥 4 号位或 3 号位学生快攻战术配合的作用。要求学习者注意力集中,随时准备防守对方的传垫吊球。

三、攻防转换战术教学与训练

(一)教学难点

攻防转换战术的核心是让学习者在进攻和防守之间有效地串联和组织,因此,学习者跑动路线和节奏的控制是教学与训练的重点,也是难点。教师要努力通过喂球来控制学习者的攻防转换节奏,调整学习者的跑动路线。

(二)教学顺序

先学习接对方推攻球防守及组织进攻,然后学习接发球防守及组织进攻,在此基础上学习接扣球防守及组织进攻,最后学习接拦回球防守及组织进攻。

(三)教学步骤

1. 讲解与示范

(1)讲解:教师首先讲解攻防转换战术,其是气排球进攻系统的综合运用,攻防转换能力是体现一个队整体水平高低的重要标志之一;再讲解攻防转换的节奏掌握,攻防衔接的熟练程度等。

(2)示范:运用沙盘或看录像等直观教具及学习者现场演示方法,让学习者了解攻防转换的节奏、时机,以及全队的串联配合等。

2. 组织练习顺序

先局部后整体,由简到繁、由易到难地进行。如练习拦网时,先练习拦斜线,后练习拦直线;反攻扣球时,先练习扣斜线球,后练习扣直线球。

(四)练习方法

(1)调整传球和反攻练习方法。教师隔网站在高台上扣球,后排两名学生(或后排两名学生加前排 2 号位或 4 号位学生)进行各种线路的防守、调整传球和反攻练习(见图 3-15)。

(2)人盯人拦网练习方法。教师在后场抛球给传球学生,扣球学生在 4 号、5 号、2 号位跑动扣球,对方 2 号、3 号、4 号位学生人盯人拦网,后排学生进行防守反击(见图 3-16)。

(3)5 对 5 攻防转换练习方法。教师在场外抛球,一方接发球组织进攻,另一方拦网防守后组织反攻。打成死球后,教师立即抛球继续进行攻防转换练习(见图 3-17)。

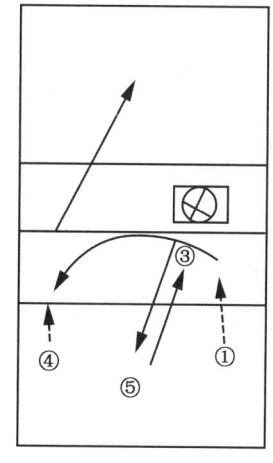

图 3-15　调整传球和反攻练习

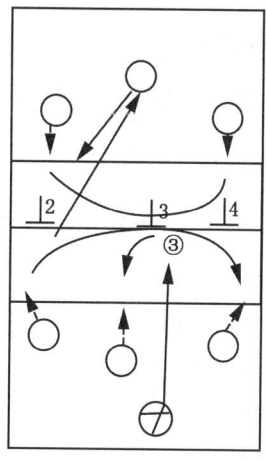

图 3-16　人盯人拦网练习

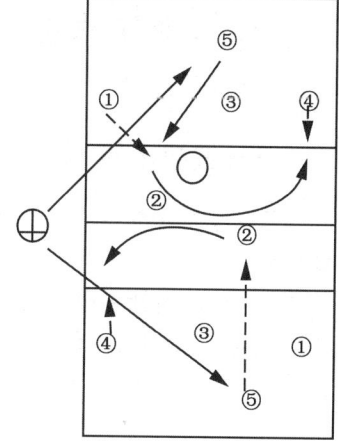

图 3-17　5 对 5 攻防转换练习

四、气排球实战中应注意的问题

1. 战术教学与练习必须在掌握一定技术的基础上才能进行。技术是战术的基础,应先教技术,后教战术配合。随着各项技术水平的提高和熟练,逐步学习较复杂的战术配合;同时,通过战术配合的教学,反过来带动技术的提高。

2. 战术的实质就是技术的运用。在练习技术时,要贯穿着对战术意识的培养。掌握了一定的技术,将这些技术有机地串联起来,实际上就是战术配合。只有提高了个人战术意识,才能更好地发挥集体战术配合。

3. 进攻与反攻相结合。进行战术教学时,要先练进攻,后练防守反攻,只有把进攻与反攻结合起来才能互相促进。

4. 选好传球手。战术教学前,要注意选好传球手,然后确定阵容,根据学习者的技术特点,确定全队进攻与防反的打法,逐步增加本队的战术内容。

5. 由易到难。战术教学必须按由简到繁、由易到难、由分解到完整、分练与合练相结合的步骤进行。对初学者进行战术教学时,应在其掌握发球、垫球技术之后再进行。开始学习以"中传球"进攻战术为基础,同时掌握单人拦网下的防守战术,在此基础上学习"边传球"进攻战术及1号位学生"插传球"进攻战术,然后学习双人拦网下的"心跟进""边跟进"防守战术。

6. 以练为战。在战术教学进行一定时间后,要多进行比赛,通过比赛来运用战术,检验战术的实效,同时改进和提高战术质量。

第二节　气排球战术原理

气排球战术是指根据比赛双方打的具体情况和临场的发展变化,合理运用个人技术及集体配合所采取的有意识、有组织的行动。

一、气排球战术分类

根据不同的分类方式,气排球战术可演化出不同的体系。

(一)按战术的参与人数分类

根据参与战术体系人数的多少及配合的差异性,气排球战术可分为个人战术和集体战术两大类。

个人战术包括发球个人战术、一传个人战术、传球个人战术、扣球个人战术、拦网个人战术、防守个人战术。集体战术包括接发球及其进攻、接扣球及其进攻、接拦回球及其进攻、接传垫球及其进攻战术。

(二)按战术的组织形式分类

根据对抗过程中所采取的不同组织形式,可将气排球战术分为进攻战术和防守战术两大类,在相应的过程中有目的地变化各种战术阵形与打法,从而形成相对完整的战术体系。

1. 进攻战术

(1)进攻阵形

五人制:"中二二"进攻、"边二二"进攻、后排插上进攻。

四人制:"中三"进攻、"边三"进攻、"插三"进攻。

(2)进攻打法

其包括强攻、快攻、两次球及转移进攻、立体进攻。

2. 防守战术

防守战术包括接发球防守阵形、接扣球防守阵形、接拦回球防守阵形、接传垫球防守阵形。

二、气排球战术指导思想

气排球战术指导思想是一个球队在训练和比赛中指导行动的主导思想和基本原则。正确、先进的指导思想应符合气排球运动的客观规律和本队的实际情况,也应适应气排球运动的发展趋势。战术制定的指导思想:针对队伍在不同时期的不同对手进行考虑,从实际出发,全面分析、扬长避短,从而形成自身独特的风格。

气排球运动自 1984 年问世至今,已开展了约 40 年,经过不断的改革与完善,在内容、形式、赛制、规则、器材等方面日益革新,国家体育总局将其作为全民健身项目进行推广,在全国范围内已得到普及。随着战术变革和不断创新,不同地区间也逐渐形成了各自的打法体系,目前已呈现"个人全面,攻防均衡,全攻全守,高快立体,灵活多变,简练实效"的战术发展趋势,再加上不断创新,可以说是当前气排球战术的指导思想,但根据各队伍的实际情况可能存在一定的差异。

三、气排球战术意识

气排球战术意识即战术素养,是指运动员在发挥技术的过程中支配自身行动并带有一定战术的心理活动,是运动员在气排球比赛中合理运用技术和实现战术的心理活动,也是运动员在气排球比赛中合理运用技术和实现战术时所具有的经验、才能和智慧。运动员在比赛中的判断、应变和实践能力,以及每一项技术、战术的正确运用能力,都受一定战术意识的支配,并包含战术意识的内容。运动员战术意识的强弱是衡量其是否成熟的重要标志,因此在训练和比赛中应注重培养运动员的战术意识,从而提高他们正确合理运用技术的能力、临场判断与应变的能力,迅速积累比赛经验。

四、气排球战术能力

气排球战术能力是运动员能力的重要组成部分,在与对手的技能、体能、心理和智能基本相同的情况下,战术能力的作用就更加突出,常常在取胜中占有重要地位。随着运动员年龄的增长和运动技术水平及身体能力的提高,战术能力在竞赛中的作用逐渐加强。

战术能力与技术、身体、心理等多种竞技能力都有着密切的关系。技术能力是战术能力的基础,身体能力是提高战术能力、实施战术配合的重要先决条件,心理能力是战术能力和技术能力发挥的保证。运动员思维的敏捷性、灵活性、预见性和创造性等是体现能力的重要方面,也是战术意识的重要基础。此外,战术能力的提高又必然地促进体能、技术能力等更快发展。

五、气排球技术与战术之间的关系

气排球技术是任何一种气排球战术出现与发展的基础,所有的战术体系均是在合理熟练运用各项技术的基础上形成的。在实战中运用各项基本技能,实时根据实战的需要与变化,产生某种战术设想,进而改进原有的技术,灵活组合各项技术形成新的战术配合,以适应实战的需要。此外,战术意识与体系的变革也会给技术的革新以启示,从而改变技术的发展轨迹,亦可创造新的技术。因此,气排球技术与战术是相互联系、相互依存、相互促进、相互制约的。

六、个人战术与集体战术的关系

气排球是集体性项目,要获得战术上的集体胜利就需要全队各个成员的密切配合。在每个成员充分发挥自身特长的基础上,还必须通过默契合作才能实现集体力量的提升,最终取得胜利。太过强调或依赖个人力量,或是过于追求集体配合而忽视个人能力的提高,都无法达成这一目标。因此,必须取得个人战术与集体战术的平衡。

个人战术是学生在比赛中根据临场情况的变化,有目的、有针对性地运用个人技术动作;集体战术是指两个或两个以上学生之间有组织、有目的地集体协调配合。个人战术是集体战术的组成部分,集体战术是个人战术的综合体现,两者之间的关系是局部和全局的关系。个人战术要促进集体战术的实现,集体战术要有利于发挥个人战术的特长和作用,两者相辅相成、相互促进、相互弥补。一个队个人战术与集体战术水平的高低,取决于以下因素:(1)基本技术的全面性、准确性、熟练性、实用性的程度;(2)阵容配合的合理性,个人特长的应用与积极的合理调配;(3)了解与判断双方人员特点及战术布置的准确度、深度及广度;(4)临场应变能力和实战经验的积累;(5)技术、战术指导思想的先进性、准确性;(6)具有集体主义、团结协作和顽强拼搏的精神等。

七、进攻战术与防守战术的关系

在气排球比赛中,为了使球在对方场区落地或造成对方失误、犯规而采用的一切合法手段,都称为进攻。反之,为了不使球落在本方场区的一切合法手段,均称为防守。攻、守这对矛盾贯穿于气排球运动的始终,攻中有防,防中有攻,两者是紧密相连和相互依存的。进攻是赢得胜利的有效途径,但进攻必须以防守为基础,防守不仅是减少失分的一个重要方面,也是得分的基础。除发球外,每发动一次进攻都是在防守的基础上进行的,没有防守,就没有进攻;而防守的目的是保证与实现进攻,片面地强调防守或进攻都是不正确的。因此,在训练和比赛中,必须贯彻攻防兼备、全攻全守的指导思想。

八、气排球战术的发展与演变

气排球比赛的战术形式和战术内容最初借鉴了室内六人制排球的战术体系与模式,但随着运动实践的积累与参与人群年龄段的变化,竞赛规则和竞赛方法也产生了比较明显的变化,使气排球的战术指导思想与组合体系也得到了不断的丰富与革新。目前,气排球战术有如下趋势:

（一）"个人全面"与"全攻全守"成为战术主体

气排球战术的进攻点大都在进攻线附近,要组织多种多样的技术,必须在全面熟练掌握个人技术和个人战术的前提下,通过一系列跑动,在进攻线前后的多个进攻点组成多种配合,全体场上学生前、后掩护,轮流进攻,使整体进攻战术发挥最大效益。同时,由于规则的不断修改,气排球比赛中的攻防力量趋于平稳,防守已成为掌握场上主动权或得分的重要方面。拦网是防守战术中的第一道防线。当前,"前高拦,后低防"已成为防守战术的发展新趋势。气排球比赛中,由于 2 m 进攻线的限制,动作和力量受到一定的影响,拦网时要充分利用高拦网拦死或拦起,并与后排防守一起加快拦、防反击的速度,使前后方形成有效的防守网络,获得最好的"全攻全守"攻防效果。

（二）"快速"与"多变"组成战术核心

首先,快速的进攻、快速的调整、快速的配合、快速的防守已成为当前掌握比赛主动权的重要手段。"快速"不仅要求学生个人动作反应快、肌肉控制能力强,学生间默契程度高,更重要的是建立在全队整体配合基础上的快,全队学生场上行动能力强,随场上情况变化而快速变化。

其次,单一战术组合已不适应现代气排球运动的发展和要求,而多种战术方式的有效组合、创新及临场变化组合,使气排球运动充满了无限的可能,也展现出其无穷的魅力。

（三）合理、简练和实效为战术运用趋向

气排球战术组合和运用的最终目的是取得比赛胜利。在《气排球竞赛规则》的导向下,气排球比赛的竞争日趋激烈,尤其是在青年组和大学生组的比赛中。在个人全面、全攻全守、快节奏、多变化的整体战术体系中,各种战术组合和运用都在朝着更为合理、简练、实效的途径发展,这已经成为制胜的重要手段。简练的战术配合,在时间上更节省,在速度上更快捷,在结果上更具实效。因此,合理、简练、实效的战术运用,已成为现代气排球战术发展的趋向。

第三节　气排球战术组成的基本方法

一、阵容配备

（一）阵容配备的概念和目的

阵容配备是参赛队根据比赛的任务、本队战术组织的特点及学生的身体情况,有针对性、合理地安排出场学生及其位置分工,充分地调配力量,科学地组合人员的筹划过程。配备阵容时,要将全队的力量有效地组织起来,扬长避短,最大限度地发挥每一个学生的作用和特长,充分调动学生的积极性、技术和战术水平,使学生更加积极主动地投入比赛中。

(二) 阵容配备的原则

1. 择优原则

选择心理素质好、体能好、技术与临场应变能力强的成员组成主阵容,同时考虑到每个位置上替补学生的安排。

2. 攻手均衡原则

努力使各轮次间的攻守力量趋于均衡,尽量避免弱轮次的出现,以保证整体战术效应的稳定性和成效性。

3. 相邻默契原则

将平时合作默契的传球手与攻手安排在相邻的位置上,使之能娴熟配合,产生良好战术效应。

4. 轮次针对原则

根据对方学生的位置,有针对性地安排轮次。如拦网能力强的学生盯准对方攻击力强的学生,以遏制对方的进攻;遇对方进攻强的轮次时,可安排发球攻击性强的学生发球,以破坏对方的一传,使对方难以实施进攻战术,取得先发制人的效果。

5. 优势领先原则

安排轮次时要注意发挥本队的优势。如把攻击性强的学生安排在最得力的位置上;把发球最强的学生安排在最先发挥其优势的位置上,争取开局的主动,鼓舞本队士气。

(三) 阵容配备的基本形式

1. 五人制阵容配备基本形式

(1)"四一"配备。该阵形由四名进攻学生和一名传球学生组成(见图 3-18)。其特点是传球与攻手分工明确,进攻点较多,进攻战术富于变化,全队只要适应一名传球学生的技术特点,相互间的配合更为默契,有利于教师对比赛的指挥与控制,以及学生领会与执行战术意图。不足之处:对传球学生的体能及分配球的能力要求较高;传球学生插上后,会出现后排防守薄弱问题。因此有些队伍会培养接应传球学生代替其中一名攻手的位置,以弥补后场防守与调整球的问题。

(2)"三二"配备。该阵形由三名进攻学生和两名传球学生组成。又可根据传球学生的站位分为两种阵形,其一为传球学生站于前排 3 号位和后排 5 号位(见图 3-19),其二为传球学生站于前排 3 号位和后排 1 号位(见图 3-20)。这种阵形在五人制中采用较多,特点是传球学生与攻手的数量及站位分布比较合理,每个轮次均能保证有一名传球学生,并且前后场均有传球学生调整球,保证了多点进攻,战术配合较稳定。不足之处:会出现两名传球学生同时在前、后场区的情况,进攻点减少,降低了本方的进攻实力。理想阵容:传球学生具有较强的进攻和拦网实力。

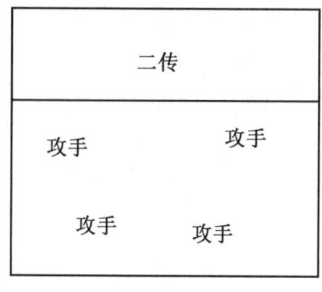

图 3-18　"四一"配备

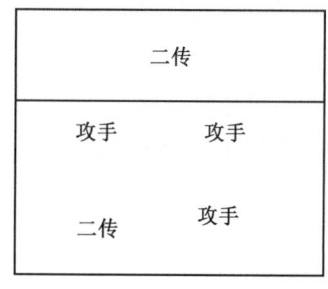

图 3-19　"三二"配备(一)

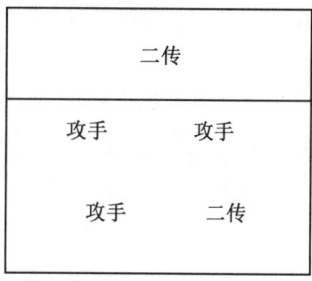

图 3-20　"三二"配备(二)

2. 四人制阵容配备基本形式

（1）"三一"配备。该阵形由三名攻手和一名传球学生组成,其中有一名攻手或为接应传球(见图 3-21)。这种阵形的特点与五人制的"四一"配备比较接近,虽然场上人数减少使学生之间的跑动换位较为容易,但对形成专为攻防布局所需的时间、位置要求更高,在速度变化时每名学生负责的区域也相对变大,增加了一定的技术配合难度。由于场地小、速度快,后排插上传球优势得不到体现。

（2）"二二"配备。该阵形由两名传球学生与两名攻手组成(见图 3-22),各轮次传球学生与攻手配置均衡,在两名传球学生具备一定的扣球、拦网实力前提下,可以打出多点进攻战术。这种配备形式较容易掌握与应用,在高水平的气排球比赛中经常被采用。

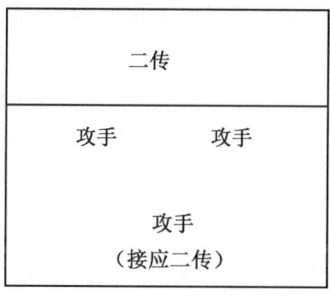

图 3-21　"三一"配备

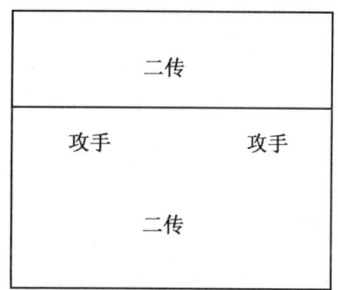

图 3-22　"二二"配备

二、交换位置

(一)交换位置的概念与目的

概念:指在规则允许的情况下,通过交换场上学生的位置以实现专位攻防的布局。

目的:积极主动弥补阵容配备上的某些缺陷,便于攻防战术组织,发挥攻防优势,实现专位攻防,从而扬长避短,最大限度地发挥每个学生的特长,保障与提高攻防战术的质量。

(二)变换位置的方法

1. 前排学生的换位

(1)为了便于组织进攻战术,把一传学生换到前排中间或前排的位置上。

(2)为了保证和加强进攻力量,把进攻力量强的学生换到便于扣球的位置上。如将右手扣球学生换至前排左的位置,将左手扣球学生换到前排右的位置,将扣快球的学生换到中间位置。

（3）为了加强拦网,控制对方的重点进攻,将身材高大或弹跳力好、拦网能力强的学生换到前排中间的位置或与对方主攻学生相对应的位置。

2. 后排学生的换位

（1）为了发挥个人特长,后排学生各自换到自己熟悉的防守区进行专位防守。

（2）为了在比赛中便于运用行进间"插上"战术,把传球学生换到后排右或后排左的位置上,以缩短"插上"时的距离。

（3）根据临场情况,把防守能力强的学生换到防守任务较重的区域,防守能力弱的学生换到防守任务较轻的区域。

3. 前后排学生的换位

主要是将后排传球学生"插上"。可从 1 号位插到 2 号位或 3 号位之间的位置,准备做传球。前排 2 号、3 号、4 号位学生（五人制）或 2 号、3 号位学生（四人制）则后退,准备接球或进攻。

(三) 交换位置时应注意的事项

（1）换位前的站位,既要防止"位置错误"犯规,又要考虑缩短换位距离。

（2）当发球学生击球后,即开始换位,应力求迅速地换到预定位置,立即准备下一个动作。

（3）在对方发球时,首先准备接对方的来球,然后换位,避免造成接发球混乱。换位时,学生之间要注意配合行动,防止互相干扰,做到互相弥补。

（4）换位后,当形成死球时,应立即返回原位,各自做好下次接球或进攻的准备。

三、信号联系

为了统一行动目标,完成集体战术配合,根据本队情况,教师和运动员可共同制定一种行动信号。气排球战术中常见的信号联系方式有语言信号联系、手势信号联系、落点信号联系、仪态信号联系与综合信号联系。

第四节　气排球教学与训练技法

气排球教学与训练技法是指学习者在进行某项技术和战术练习时,教师给予学习者指导性协助练习的技能和与学生交流的能力。这些技能与能力是教师在多年的教学与训练中,通过不断的学习、实践、反思积累而成的。教学与训练技法可以分为教师与学习者的交流技法、教师的带练技法。

一、教师与学习者的交流技法

(一)语言交流技法

1.语言交流的要求

由于每个教师各自的特点不同,展现的语言艺术特色自然也不尽相同。但是作为一种教学的语言,教师的语言应该是有着共同的规律和特点的。体育教学与训练课的特点决定了教学中的语言交流应符合以下几个方面的要求:

(1)准确清晰。体育教学与训练课的语言是对体育知识、技术和技能的客观表述,所以教师的选词用字一定要准确。一字不准就会改变知识与技术的特性,甚至出现错误。例如,正面下手发球要求"用全掌击球的后下部",就绝对不能说成"击球的后中部"。体育运动技术教学与训练的语言准确还表现在使用术语要准确。在气排球技术和战术教学与训练中要使用"传球""扣球""触网"等术语,而不能说成"撑球""拍球""碰网"等。教师要以身作则,准确无误地运用体育术语。

(2)生动形象。在教学与训练中,教师运用生动形象的语言是学习者学好的重要条件。生动形象的语句和比喻,以及幽默风趣的语言和栩栩如生的象声词,可以使学习者茅塞顿开,也可缓解学习者的紧张情绪。并且,教学实践中所创造的许多生动的语言,简洁明快,说起来朗朗上口,听起来令人饶有兴趣,再加上根据不同年龄段的心理特点稍做变化,使学习者更容易接受、理解和掌握。例如,有些老教师讲解技术要领时总是编成口诀,如捧球的动作要领口诀为"两臂前伸插球下,双手掌心面朝上,腕指前臂适度紧,腕抖指弹瞬间力,抬臂缓冲往上送";背向垫球的动作要领口诀为"蹬地抬仰摆双臂,背对目标肩上击"等。

(3)精练简洁。每堂教学与训练课都有一定的时间限制,这就要求教师的语言必须精练简洁,达到精讲多练的目的。语言的精练简洁要求教师熟悉教材内容,善于抓住重难点,合理归纳,提纲挈领,熟练运用术语,正确选择字词。例如,有的教师在教正面双手垫球的技术动作时,将完整复杂的技术过程用"夹臂、前插、蹬地、提肩、顶肘、压腕、抬臂、送球"16个字来高度概括。这16个字包括了正面双手垫球的技术要领,体现了技术的结构和环节,也大致指出了动作的用力技巧,简明扼要,精练具体。

(4)寓意深刻。教师在传授体育知识、技术和技能的同时,要注重对学习者的思想教育,注重对学习者意志品质的培养。在气排球教学与训练中,教师可以用一些竞技体育人奋勇拼搏的事例来鼓舞和激励学习者。如中国女排的"五连冠",在2016年巴西里约奥运会克服重重困难,力压群雄,重夺世界冠军等。同时,还要挖掘教学与训练内容本身的思想教育因素,如身体素质练习时教育学习者要有吃苦耐劳、持之以恒的顽强品质;体育比赛中教育学习者要有团结协作、互相配合、相互鼓励、全力以赴的集体主义观念和在激烈对抗中调整心态的积极意识。

(5)通俗易懂。在进行语言交流时,教师要根据教学对象的特点,选择合理的语言内容和表达形式,要言简意赅,又要通俗易懂,还应适应学习者的心理特点。例如,给青少年上课,就不能使用过于成人化的语言;而如果使用教授"00后"的语言给中老年学习者上课,中老年学习者或许还难以理解,不容易接受,使教学效果大打折扣。

（6）诚恳亲切。教师充满感情色彩的教学语言，使学习者不仅从语言的内容上，而且从语言的表达方式上都乐于接受。人们常说"通情达理"，可见，人际交往中"通情"是"达理"的前提，没有感情的沟通就没有对道理的认同。在教师和学习者的交流中，只有做到知识和情感相交融，才能达到畅通无阻、事半功倍的教学效果。无论是哪个年龄段的学习者，在体育技能学习过程中往往会遇到一些具体的困难，如老年人因为年纪大，担心关节承受力差，生怕出现身体接触，在学习拦网的初始阶段就容易产生胆怯心理，不敢尽力起跳，导致动作畏缩。在这种情况下，教师诚恳的态度、柔和亲切的语言一般会对这些学习者产生鼓励作用，使他们找到克服困难的勇气和信心。

（7）节奏鲜明。体育教学的语言讲究具有抑扬顿挫的节奏感。这是语言的艺术，也是教学和训练的艺术。具有音韵旋律之美的语言可以增强语言的感情效果，提高教学质量。授课者的语言要快慢有度，轻重适宜，急缓相间，疏密有序。教学语言的节奏性主要体现在以下方面：第一，发音要准。授课者在与学习者交流时一定要发音准确，如"调"和"跳"、"十"和"四"要严格区分，吐字要清清楚楚，不能含糊。第二，音量有别。对集体发出的指令，音量要高；对小组进行指导时使用中等音量即可；而对个别学习者进行指导或批评时，则尽量使用较低音量，能使对方听清楚就可以，尤其是现在青年都比较自我，爱面子，说重了容易产生逆反心理。第三，语速变化。体育教学的语言要体现出快慢缓急。授课者往往依靠语言速度的巧妙变化来创造跌宕起伏、抑扬顿挫的语言效果，以吸引和感染学习者。一般来说，分析技术和讲解动作要领时语速要慢，而对刚刚出现的错误动作进行纠正时语速要快，口令和指挥调动队形要急，对个别学习者提出批评时要缓。另外，对不同年龄段的人也要有所区分。

（8）风趣幽默。体育教学与训练的课堂应该是生动活泼和快乐愉悦的，教师风趣的表达、幽默的语言、诙谐的比喻、机智的谈吐都能打破课堂的沉闷，改变课堂的气氛。特别是在运动量较大或练习内容较为枯燥，学习者感到疲劳和情绪低落的时候，一句风趣幽默的语言可以转移学习者的注意力，消除他们的心理疲劳。

2. 语言交流的技巧

（1）表达的技巧。说话前要经过思考，避免随意的、不负责任的讲话；尽量使用简练、直接的语言说出要说的话；讲话要具体，避免冗长的独白；表达要清楚，前后要一致，语言信息和非语言信息应统一；交流中尽可能使用正面的表达方式；使用征求意见的表达方式，为的是引起讨论，例如"我觉得你并未尽力，你在想什么？"如果你的讲话冗长，设法用不同的方式来说同一件事；力求获得听者对你的讲话是否准确理解的反馈，要求听者对你的讲话做出反应；避免使用讽刺、挖苦的语言，与青年学习者交谈时尤应如此。

（2）提问的技巧。强调学习过程，通常"问"学习者该做什么比"告诉"他们该做什么要好；设法让学习者积极参与到问题中来；鼓励学习者从经验中学习，如问学习者："如果你再遇到这种球，该怎么处理？"力求在学习过程中增强学习者的独立性和自我控制能力；训练时尽可能使用有效的发问，如"什么""怎样""什么时候""哪儿"等；尽量多使用非限制性的提问，这将有助于产生更有益的交流，例如，使用"你喜欢这样接球吗？"与"这样练接球和你以前练接球相比感觉怎样？"或"你最喜欢这样练接球的哪一点？"这两种提问相比较，后者得到的信息要多得多。

（3）奖励与批评的技巧。要用诚恳的态度正面地处理问题，慎用消极的批评；告诉学习者具体"要"做什么，不说"不要"做什么；要注意观察，并以真诚的态度即时奖励，不因事小而不为;对学习者的努力态度要多奖励、多鼓励,对比赛结果少奖励;在进行奖励和鼓励之间的褒贬式批评(积极的褒贬结合)时,首先指出学习者做得好的方面,然后让他知道不对之处,并告诉他如何改正,最后不要忘了鼓励他;当学习者犯错误时,教师要保持冷静,应等待他自己改正和打出一个好球,这可能是他的一次自我提高的机会;对于初学者,奖励与鼓励应更多一些,以激发他们的自觉性与积极性。

(二)非语言交流技法

"行动胜过语言",授课者和学习者之间的非语言交流常常是下意识的,它往往比语言交流所传递的信息更可靠,也更重要、有效。在体育课堂上的非语言交流中,最主要的是示范。体育教学与其他教学的最大区别在于体育教学中教师要用肢体描述和再现教材内容,而学生往往通过对教师动作的观察来建立正确的动作表象,提高学习兴趣,对技术本身所包含的美学成分予以接受并产生向往。因此,有人说:"体育教师(指导者)本身就是一本教材。"学生(被指导者)通过"阅读"体育教师(指导者)的肢体语言来上好第一堂课。

非语言交流技法除了授课者的示范外,还包括下面几个方面:

(1)面部表情。面部是人体表情最丰富的部分。我们可以用眼睛、眉毛、嘴等传递信息。尤其是眼神接触的时候可以传递许多信息。

(2)手势和其他身体动作。其是指用手、手指、手臂、头、颈、肩、腿等来"说话"。正确且适当的手势,不仅可以表达思想,还可以传递感情。语言结合手势,能增强教师口头语言的说服力和感染力,获得更有效的交流。

(3)体态。教师力求保持直立挺拔的姿势,显示信心、活力和开放;行走时步伐要快速、坚定而有力,即便在疲劳时也应如此。这样会使学生注意力集中,精神振奋。

(4)适度的身体接触。身体接触是教师通过自己的躯干和四肢动作来传递或辅助教学信息的一种活动。握手或拥抱是向学习者表示高兴的最好方式;轻拍一下脑袋或肩膀可表示担忧或关心,但一般不用在成年学习者身上;将一只手搭在学习者的肩上是表示亲密的有效方式;有时教师可能还会扶着学习者的手臂,使其体会怎样击球。

(5)服装和外表。其是指教师的外貌、发型及着装等。教师应穿着干净、整洁的衣服;服装要得体;注意卫生习惯,包括牙、手、指甲的卫生以及身体的气味、头发的整洁等。

二、教师的带练技法

气排球教师的带练技法主要有五种:扣打技法、抛一传球技法、抛传球技法、掷球技法、推吊球技法、单手击球技法。

(一)扣打技法

1.扣打技法的分类和分析

(1)抛打:教师自己抛球,然后向学习者扣打。

①准备姿势:教师站在球网附近,面向后场,两脚自然开立,双手或单手持球于腹前,两眼注视学习者的动作。

②抛球:用双手或单手将球平稳地轻抛在击球手臂的前上方约50 cm处。

③挥臂与击球:抛球的同时,击球手臂顺势抬起,屈肘后引,上身稍转,展腹,挺胸,手指自然张开,微屈呈勺形。击球时,利用转体收腹的力量带动手臂加速挥动;小臂放松,主动用力屈腕、屈指,在头的前上方全掌包球向前推压,击准球的后上部。

(2)打垫:教师将防守学生垫回来的球连续向防守学生扣打称为打垫。扣打防守学生垫来的球,难度稍大,技术动作也较复杂。扣打这种球时,教师首先要加强判断,根据球速和弧度判断来球的落点,然后迅速移动取位,将击球点的位置保持在击球手臂的前上方,看准防守学生的位置,用扣打技术击球。

2. 扣打技法要求

(1)扣打要准确。训练防守时,一定要打准。也就是说,教师应根据防守学生的位置和任务控制扣打球的落点,这样训练才有效果。

(2)扣打时要活、要变。教师用扣打技法训练防守时,不能让学生被动地等球,而要通过扣打技法的变化让学生将脚步练活。这就要求教师在击球时要根据学生的准备姿势,变化扣打力量或方向等,使他们在移动中拢球防守。

(3)扣打要有气氛。教师的扣打与学生的防守是对抗的,所以教师一定要通过扣打技法将学生的情绪调动起来。

(二)抛一传球技法

1. 抛一传球技法分析

(1)准备姿势:教师站在 3 号位,身体面向球网,两脚自然分开,双手持球于腹前,两眼注视接球学生。

(2)抛垫球:利用双手抬臂的动作,将球平稳地向前上方抛出,使球垂直下落在 1 号、5 号位。

2. 抛一传球技法要求

(1)稳、准、难度适中。

(2)区别对待抛练对象。对于初学者,要抛轻、慢、近距离的球;对于有一定基础的学习者,要适当地抛出力量较重、弧度平、速度快的球。

(三)抛传球技法

1. 抛传球技法的分类和分析

(1)抛一般球:指教师在球网附近抛出的、顺网一般高度的、供练习者做正面屈体扣打的球。

①准备姿势:教师站在 3 号位附近,身体侧对球网,两脚自然开立,双手持球于腹前,两眼注意扣球学生的行动。

②抛球:利用双手抬臂的动作,将球平稳地向前上方抛出,使球垂直下落在 4 号位的标志杆内侧附近,高度在网上 2 m 左右。

(2)抛快球:指教师在网附近抛出的低弧度、供练习者做快攻扣的球。抛快球技术与抛一般球技术一样,其不同之处是抛快球的用力轻,且主要靠抬小臂的抖手腕力量,将球送到扣球学生的击球手上。

（3）抛调整球:指教师在后场抛出的各种斜网球,供练习者做调整扣的球。抛调整球与抛一般球相同,但需要增加蹬腿动作,依靠全身力量将球抛到网附近。

2.抛传球球技法要求

（1）抛球要稳、准,高度适中。

（2）抛球要减小球的抛物线弧度,使球尽量垂直下落,便于扣球时选择击球点。

（3）抛球时要根据扣球学生的需要,尽量主动适应扣球学生。

（4）抛球时要有变化,逐步增加难度,提高扣球学生的实战能力。

（四）掷球技法

1.掷球技法的分类和分析

（1）掷高远球:指教师向场地掷弧度高、距离远的球。

①准备姿势:以单手掷球技法为例,两脚前后开立,与肩同宽,自然站立。单手持球于肩上,身体稍向持球手侧转动,两眼注视接球学生。

②掷球:收腹挥臂,带动手腕向前加速,小臂放松,手腕、手指用力甩动,将球向接球学生投出。

（2）掷近网球:指教师向场地进攻线以内掷小弧度的球。掷球准备姿势同掷高远球,不同之处是掷近网球用力稍轻,将球掷在进攻线以内的位置。

（3）掷任意球:指教师任意掷出速度、弧度和落点不同的球,使练习者适应不同的来球。

2.掷球技法要求

（1）掷球目标要准确。

（2）掷球力量要适中,速度由慢到快。

（3）掷球最好与抛打、吊球技术结合运用,提高练习的实战性。

（五）推吊球技法

推吊球技法是扣打技法的一种变化形式。它是以轻巧灵活的手指、手腕动作将球推吊在接球学生附近的一种带练技术。训练防守时,推吊球技法经常与扣打技法结合运用,这样能够培养练习者反应灵敏和判断移动的能力,更具实战意义。

推吊球技法是以扣打技法为佯攻,然后突然改变挥臂动作,采用单手传球的手形,五指保持一定的紧张度,击球的后下方或侧后下方,将球轻轻地推吊在防守学生的前、后、左、右方向。

（六）单手击球技法

单手击球技法是教师用单手将球击出一定弧度供练习者练习的一种击球技术,是训练课中运用最多的一种击球动作。如传球训练时,教师用单手击球的方法供球;分队攻防对抗训练时,教师在场外用单手击球的方法供球;练习接发球时,教师向接发球学生发球等。总之,单手击球技法用途广、方便、实用、省力,是一种非常好的供球方法。

单手击球技法与单手平发球技法的击球方法大体相同,不同之处在于根据供球种类的不同,击球部位、击球用力和出球弧度有所区别。

第四章
提高身体素质的气排球游戏

　　良好的身体素质是掌握气排球技术的基础，是不断提高气排球技战术水平的重要保障，而发展与提高参与者的身体素质又必须通过有计划、有目的、科学的身体训练才能实现。因此身体训练是掌握和提高气排球技战术水平的关键。

　　气排球运动员身体素质包括弹跳力、速度、力量、耐力、协调性、灵敏度和柔韧性等。在提高身体素质的训练中，将素质练习与游戏相结合，可提高大学生的兴趣。

第一节　提高弹跳力素质的气排球游戏

一、跳绳夺"球"

　　方法：两个组的三名学生先将手帕的一角掖在衣领后面，然后依次两两相对跳进长绳里，边跳边找机会夺取对方的手帕，先拿到者得分，积分多的组为胜方。平局加赛，直至决出胜负。

　　规则：游戏过程中跳绳不许中断，抢"球"时不许推搡或拉扯对方。

二、打树叶

　　方法：在树下选择不同高度的树叶作为标志，或是从树上拴一根绳子作为标志物，学生根据不同高度的标志做助跑起跳挥臂扣球动作。

三、摘"星星"

　　方法：两人一组，将学生分成若干组，一人呈半蹲或深蹲姿势，一人持球于前面，开始后持球同学迅速将球向上抛起，另一人迅速跳起将球摘下，规定时间内摘得多者名次列前。

　　规则：球被抛出后才能起跳将球摘下。

四、搬运工

方法:将学生分成人数相等的两队,每队前方10 m处摆放一个气排球,第一名同学两腿间夹一个气排球,开始后第一名同学利用蛙跳前进,将前方球取回,并把球交给下一名同学,下一名同学双腿夹气排球,同时手持气排球蛙跳前进将球放回原处。后面依次来回运球直至所有人运完,率先完成的队获胜。

规则:必须向前跳行,所夹气排球掉一次则向后退一步。

五、踩点扣吊球

目的:提高学生的弹跳力及两步助跑起跳扣球技术。

场地安排:用杆拴一吊球在4号位,并在地上标出扣球上步的脚印,以便学生按脚印做两步助跑起跳。

方法:四人一组,一人持杆举吊球,另外二人循环做助跑上步扣吊球动作。要求第一步必须踩点,第二步根据个人能力步幅可大可小,但脚步、挥臂动作必须正确。在规定次数内看完成的质量,质量好者名次列前。

第二节　提高速度素质的气排球游戏

一、接“西瓜”

方法:教师站于距端线4 m左右的场地中央,学生站在端线后呈一列纵队。教师将球一个接一个地抛向对面场地,学生则一个接一个地迅速起动,跑向对面场地,从网下钻过并把球接住。

规则:球不许落地。

二、攻垒比赛

方法:二对二或三对三,一方持球想方设法攻出端线,将球放在指定位置,另一方堵截。断球或对方失误攻防转换。完成一次得一分,规定时间内得分高者胜。

规则:不许采用拉、抱、推等动作,只能采用快速晃动、移动及传球来完成。

三、骑“马”篮球赛

方法:每队10人,其中6人架成两匹“马”,2人当骑手,骑在“马”上,剩余2人当传球手,设裁判员1人。等于在篮球场上打篮球,参照篮球规则比赛,所不同的是传球手只能传球、接球和运球,不得投篮,投篮的任务只能由骑手来完成。骑手可持球骑“马”跑至篮下投篮,但若“马匹”散架则投进的球无效。在规定的时间内(如8 min),进篮得分多的队获胜。

规则:投篮只能在“马”上完成。

四、连续砸篮板球接力

方法:每队人数相等,8人至10人为宜,在篮球场罚球区前排成一路纵队。游戏开始,排头的同学运球向前几步,跳起砸篮板球,之后立即退下返回,排至队尾。与此同时,排二的同学朝前跑出跳起,将球在空中接住,趁落地之前再砸篮板……接着换排三、排四、排五的同学依次做,要求球连续砸篮板,不落地,一直紧张地循环进行下去,直至失误。各队依次做或在几个篮架上做,砸篮板球成功次数多的队名次列前。

规则:所有学生的动作必须在空中完成。

五、手足球

方法:在地上画一个长8 m、宽4 m的场子,两端各用两只书包当球门。两队各为三人。发令后从中线开始,用手滚拨一只橡胶实心球,滚进对方门内就可得一分。

规则:球不得离地,脚不能触球,出界后由对方发球,每场3 min,得分多的队获胜。

第三节 提高力量素质的气排球游戏

一、气排球掷远

方法:每个学生分别站在同一点上向前方掷球若干次,要求气排球必须由肩上掷出,丈量落地点与掷出点的距离并记录。在规定次数内掷远者名次列前。

规则:按原地投标枪规则执行。

二、运球比赛

方法:三人一组,将学生分为若干组,每组5个球,一人仰卧于地上,脚和头部方向各站一人。开始后,位于脚部方向的同学将球放在仰卧同学的两脚之间,仰卧同学通过收腹举腿将球交给位于头部方向的同学,每次限运一球,完成后迅速换人,三人均完成且用时最短的队获胜。

规则:收腹举腿时腿要伸直,位于头部方向的同学的身体不许超过仰卧者的肩部接球。

三、捡"西瓜"

方法:将学生分成两队,每队三个大竹筐,多准备一些球随意散落在场地上。听到开始信号后,两队学生开始捡球,只能先用双脚夹住球然后通过蹦跳运送,最后双脚夹球起跳将球放入竹筐,规定时间内捡得多的队获胜。

规则:只能用双脚夹,不许用脚踢,不许移动竹筐。

四、小矮人捡"苹果"

方法:将学生分成三人一组,每组一个竹筐,多准备一些球随意散落在场地上。听到开始信号后,学生必须蹲在地上,三人同时用一只手抓住竹筐,通过蹲跳移动来捡球,规定时间内捡得多的队获胜。

规则:移动时不许站起,只能深蹲蹦跳移动,抓筐的手不许离开竹筐。

五、俯卧撑"8"字绕球

方法:练习者先做俯卧撑动作,把球放在两只手中间,听到开始信号后,一只手支撑身体,另一只手拨球绕支撑手一周,然后两手交换,形成"8"字,规定时间内完成多者获胜。

规则:俯卧撑姿势要标准,球不许离开地面。

第四节 提高耐力素质的气排球游戏

一、跳跃接力

方法:将学生分成两队,每队两组,相对站立,中间摆8~10个栏架,排头同学持一排球,听到开始信号后,排头同学持球迅速连续收腹跳过栏架至对面将球交给下一位同学,如此反复,率先完成的队获胜。

规则:不许单腿跨越栏架,必须双脚同时离地跳。球交到下一位同学的手里后才可重新开始。

二、"猴子摘月"

方法:将学生分成两组,每组前方10 m处挂一吊球。听到开始信号后,排头同学立即利用左脚单脚跳至吊球下,再用双脚连续起跳摸吊球10次,返回用右脚单脚跳回,和第二名同学击掌后,第二名同学出发重复排头同学的动作,直至全队做完,率先完成的队获胜。

规则:单脚跳先左或先右均可,但往返时用脚必须不同;摸吊球时必须用双脚。

三、拦网接力赛

方法:将学生分成两队,分别站在场地两端。听到开始信号后,排头同学迅速移动至4号位拦网一次,下落后触摸限制线,再到3号位和4号位间拦网,下落后再次触摸限制线,到3号位再次拦网一次,共拦3次网,触2次线,完成后迅速跑回本队,和第二名同学击掌后第二名同学开始,至全队完成,率先完成的队获胜。

规则:拦网动作要规范、正确;移动摸线姿势要低、快。

四、3 m移动比赛

方法:画一个半径为3 m的圆,圆心处放一只气排球,圆周上放5~6个球,学生从圆心开始做横向3 m左右的移动,要求按次序摸球,完成30次或40次,用时最少者获胜。

规则:保持低姿,不得站起,手必须触到球才可以离开。

五、象征性气排球比赛

方法：将学生分成两组，分别站在端线外，场地两边1号位、3号位、5号位各放一只气排球。听到开始信号后，排头同学立即进入场地，在1号位做自传球5次，2号位拦网10次，3号位自垫球5次，4号位俯卧撑5次，5号位头顶球5次，6号位纵跳收腹举腿抱膝5次。完成后迅速返回和下一位同学击掌，下一位同学开始，直至全队完成，率先完成的队获胜。

第五节　提高协调性素质的气排球游戏

一、自抛转身接反弹球

方法：两臂前平举持球与胸同高，松手，在球自由下落及反弹期间，练习者迅速转身360°，然后接球。在规定时间内计成功接球次数，按接球次数由多到少排列名次。

规则：每次接球前球只能落地一次。

二、向前向后接抛球

方法：双手向头上抛球，然后用双手在背后将球接住，再把球由背后向头上抛出，最后将球接住为一个回合。在规定时间里，完成回合多者获胜。

规则：必须前抛后接、后抛前接；球落地不计次数。

三、"人造卫星"

方法：每人一球，分腿站立。听到开始信号后，做正、反腰绕球，大腿绕"8"字，小腿绕"8"字，地滚球绕脚"8"字，做完后立即用双手将球举过头顶，此时停表，速度快者获胜。

规则：必须按顺序绕球，否则重做。

四、"双龙戏珠"

方法：两人一组，各持一球相对而立。听到开始信号后，A同学将球从空中传给B同学，同时B同学也将球回传给A同学，双方接到球后立即做一次绕腰，然后再像第一次那样传给对方，重复做5次，先完成的组获胜。

规则：按规定路线传球，接球不得失误，绕球不得脱手。

五、绕标杆自垫球（自传球）接力赛

方法：分成人数相等的两队，每队前每隔3 m放一根标杆，共放6根，听到开始信号后，排头同学做自垫球移动前进，绕过每根标杆，通过最后一根标杆后抱球回本队，把球交给下一位同学，依次进行至全队完成，速度快的队获胜。

规则：必须绕过每一根标杆；球落地要捡回，之后在掉球位置继续。

第六节　提高灵敏度素质的气排球游戏

一、灵敏跑比赛

方法:将学生分成人数相等的两队,学生前后相隔 2 m 成纵队站立,每人一球,并将球用垫球的部位托起。听到开始信号后,最后一名学生托球依次从前面每名学生中间曲线穿梭跑过,跑过倒数第二名学生后,倒数第二名学生也跟着向前跑,依次类推,跑到排头后立刻托球站立不动。等待下一名学生到来,第一名学生回到排头后比赛结束。先结束比赛的学生获胜。

规则:学生在跑动时不得触碰站立学生,球落地要立即捡回,并回到掉球的位置重新开始。

二、障碍接力

方法:将学生分成人数相等的若干队,呈纵队分别在出发线后站好。听到开始信号后,排头同学迅速自传球前进,并绕过途中设置的 3 根或 5 根标杆,当绕过最后一个标杆后迅速跑回本队,将球交给下一位同学,下一位同学做同样的动作,直至全队依次做完为止,速度快的队获胜。

规则:未绕杆者为犯规,应重做;全队犯规三次,取消比赛成绩。

三、"蛇战"

方法:根据学生的人数,平均分成几个组,每组 5~10 人。每组站成一列,后面的同学抱住前面同学的腰组成一条"蛇"。游戏开始后,各组之间相互混战,如有一组"蛇头"抓到另一组"蛇尾"时,被抓到的"蛇"立刻被淘汰出局。最后,没有被抓到"蛇尾"的组即是获胜者。

规则:"蛇腰"脱节时,"蛇头"即使抓到另一组的"蛇尾"也无效。

四、听信号

方法:将学生分成人数相等的甲、乙两个队。游戏在排球场或篮球场进行,比赛开始后,教师发出一声哨音后即开始计时,甲队学生追拍乙队学生。教师发出两声哨音时,乙队学生反过来追拍甲队学生。当听到教师发出三声哨音时,则全体学生原地站好。游戏进行到一定时间时,以学生拍到的对方次数多的为胜。计算集体得分时,则将每队个人的得分相加,以积分多的队为胜。

规则:必须在听到教师哨音后,才可做规定动作。逃跑者必须在规定的区域内奔跑,超出区域者以被拍计。

第七节 提高柔韧性素质的气排球游戏

一、钻栏架

方法:将学生分成人数相等的两队,在底线处站好。听到开始信号后,排头同学沿直线用爬或前扑、点跃等动作钻过两个栏架,然后跑回本队击拍下一人的手掌,以此类推,直至全队完成,速度快者获胜。

规则:必须从栏下通过。

二、抛球钻三次

方法:二人一组相对站立,一人抛高球待球落地反弹,另一人从球下钻过一次,待球第二次、第三次反弹时,再从球下钻过。在规定时间内每人完成 6 次抛球,速度快者获胜。

规则:每次抛球后须钻反弹球 3 次,否则重做。

三、运球比赛

方法:学生两人一组,相距 1 m 前后跪坐。前面同学前方放 5 个气排球,听到开始信号后,前面同学拿球通过背屈递给后面同学,后面同学将球放在自己后方,5 个球传递完成后两人立刻转身,再重复一次动作,所有球回原位后结束,先完成的一组获胜。

规则:运球时不得抛、扔,只能递。

四、腹传球

方法:两人一组,一人背对肋木坐下,两手从头上握住肋木。另一人站在前方,手持球,开始后,持球者将球抛向对方腹部,坐立者两脚不动,立刻把腰向前挺起,用腹部迎击球,完成后重新坐下,等待下一个来球。在规定时间内完成得又快又好的一组获胜。

规则:腰必须挺起,抛球者应注意轻抛。

第五章
中国女排精神对当代大学生的影响

第一节　中国女排精神的由来及内涵

　　女排精神是中国女子排球队经历了多年的沉淀,顺应时代的发展,经过不懈地拼搏和努力铸造出的彰显民族精神的珍贵财富,女排精神不但在体育领域有着深远影响,在社会领域同样有着广泛的传播,成为人民群众的精神支撑不断传承。伟大的民族力量是中国发展进步的强大动力,中国女排发展至今,生动展示了以爱国主义为核心的民族精神。女排精神作为民族精神的重要组成部分,对当代大学生有着强大的引领和支撑作用。

一、女排精神的由来

1. 女排精神初现雏形

　　中华人民共和国成立初期,国际形势错综复杂,国内也面临着各种各样的困难和挑战,全国正处在百废待兴时期。奋发图强、吃苦耐劳、艰苦奋斗、集体主义是该时期最鲜明的标志。我国排球在当时也处在起步阶段,水平不高,整体水平与该时期的苏联以及一些东欧国家相比差距较为明显。但在国家的高度重视下,我们积极地向当时的排球强国学习,取其精华融入自身,并迅速发展自己的排球事业。1953年中国排球协会正式成立,至此中国排球逐渐走上了正规的发展道路,通过不断比赛和训练,我国女子排球水平得到了快速的提升。在20世纪60年代,中国排球协会注意到了日本女排的崛起,经过周恩来总理的批准,在1965年4月邀请了时任日本国家女子排球队主教练大松博文来华一个月,协助指导中国女排,经过一段时间的指导训练,为中国女排未来的道路确立了精准的发展方向,中国排球的发展逐步步入了正轨。

　　1976年中国女子排球重组,由袁伟民担任主教练。他提出当代排球运动的特点:应向全面、快速、高度、灵活、准确的打法上改变。为顺应"全攻全守"的发展趋势,在技术全面的基础上,狠抓扣球、拦网、发球这三项主要得分手段。在袁伟民教练的指导下,中国女排在交流比赛中取得了一系列胜利。在 1979 年我国恢复了国际奥委会的合法席位后,中国女排在亚锦赛决赛中击败日本女排首次在亚洲夺冠,在国际舞台上展现了国家形象,自此女排吃苦耐劳、团结协作、顽强拼搏的精神也在社会中引起关注。

2. 女排精神广为流传

1981 年,中国女排以亚洲冠军的身份参加了在日本举行的女排世界杯,凭借 6 战全胜的战绩杀入决赛对阵东道主日本队。全国人民停下脚步守在电视机前、收音机前等待决赛的直播,女排队员凝心聚力努力争取每一分,顶住了客场压力,最终以 3:2 的总比分艰难战胜强队日本队,第一次获得了世界冠军,走上了世界之巅。这既是中国女排的第一个世界冠军,也是我国在三大球里第一个夺得世界冠军的项目。这场胜利也为国人注入了强大的精神动力,女排姑娘们成为时代的偶像,女排精神应运而生。然而女排队员们并没有停下脚步,1982 年在秘鲁世锦赛上中国女排再度夺冠。随后,在 1984 年的第 23 届奥运会上,中国女排一鼓作气实现了三连冠的梦想。紧接着在 1985 年的第四届世界杯和 1986 年的第十届世界女排锦标赛上,中国女排拿下双冠,创下了世界排球史上第一个"五连冠"的佳绩,也开启了世界体坛的一个中国时代,向全世界展现了团结拼搏、锐意进取的中国国家形象。从三大球的突破到取得五连冠,女排运动员付出了数不清的汗水与泪水,不断地挑战自我,在艰苦的环境下不断拼搏、奋发图强、无私奉献着自己,为我国女子排球开创了新的时代。女排运动员也凭借着自强不息、勤学苦练、坚持不懈、艰苦奋斗的女排精神成为中国人民的时代榜样。中国女排精神作为女排的总概括、爱国精神的代表、集体主义的象征、中国体育精神中鲜明的旗帜,各行各业将之作为榜样,在生活和工作当中不断地向女排精神学习。在改革开放初期,中国还在奋力追赶世界的脚步,这一时期的女排精神开始被人们口口相传,激励着全社会人民为取得四个现代化胜利不断地拼搏。

3. 女排精神重拾辉煌

2003 年中国女排接连夺得几个国际赛事冠军,年底的女排世界杯中,中国女排以 11 战全胜的傲人姿态勇夺冠军,阔别 17 年再次举起了世界冠军的奖杯。国内又重现了 20 世纪 80 年代的女排热潮,"女排精神"一词再度被提起。2004 年雅典奥运会女排运动员越战越勇,在决赛中对阵俄罗斯女排,在两局落后的劣势下最终逆转取胜勇夺冠军,中国女排 20 年后再次登上奥运之巅,这是具有里程碑意义的一次夺冠。雅典奥运会之后女排状态下滑,女排精神作为队员们的精神支撑,虽没能取得好成绩,但依旧在各种国际赛事中展现了良好的精神面貌。

2013 年郎平教练重新执教中国女子排球队。新组建的女排队伍凸显出优秀集体运动队一往无前、坚持不懈与时俱进具有国际视野及专业素养的显著特征。郎平教练曾说过:"女排精神不是赢得冠军,而是有时候知道不会赢,也竭尽全力。是你一路虽走得摇摇晃晃,但站起来抖抖身上的尘土,依旧眼中坚定。"在 2016 年里约奥运会中,中国女排披荆斩棘、勇往直前、齐心协力奇迹翻盘,夺得队史上第三枚奥运会金牌,完美诠释了中国女排永无止境的精神。而这枚来之不易的金牌,让中国女排和"女排精神"再度引起国人热议。改革开放 40 余年,在实现中华民族伟大复兴中国梦的道路上,在新时代的背景下,女排精神被赋予"祖国至上、团结协作、顽强拼搏、永不言败"的新时代内涵,体现了中国女排在体育领域中、在社会实践中、在当下现实困境中,努力奋进、敢于担当、勇于作为、追逐理想的优秀品质。

2021 年 10 月根据国情,国家体育总局印发《"十四五"体育发展规划》,明确指出大力弘扬"祖国至上、团结协作、顽强拼搏、永不言败"的新时代女排精神,将新时代女排精神作为中华体育精神的典型代表。在建设体育强国的背景下,为了加速我国体育与世界体育的融合发展,将女排精神融入校园,充分发挥其良好社会形象、广泛社会影响力,与社会主义核心价值观实现互联互通,在弘扬中华体育精神与体育文化建设中起到榜样示范作用。

二、女排精神的内涵

2021 年 9 月,中国共产党中央委员会批准了女排精神为中国共产党人精神谱系第一批伟大精神之一。其包含十六字内涵:"祖国至上、团结协作、顽强拼搏、永不言败"。

1. 祖国至上

女排精神就是爱国精神的体现,与爱国主义紧密联系。从 1981 年 11 月 18 日,《人民日报》头版头条刊登了学习女排精神的文章开始,女排精神随着各个媒体不断地宣传报道,持续发散其影响力,在我国人民心中刻下了女排队员为国争光的光辉形象,点燃了无数国人的爱国心,激励着一代又一代的中华儿女在各个领域之中奋勇争先、努力拼搏。女排精神所蕴含的意义已经远远超越了体育的范畴,体现了强大的凝聚力、持续鼓舞着中国投身社会主义现代化建设的伟大事业之中,为实现伟大复兴中国梦不断注入鲜活的能量。

习近平总书记说过:"爱国主义始终是把中华民族坚强团结在一起的精神力量"。自女排精神形成以来,爱国主义精神一直就是核心内涵,永不褪色,"祖国至上、为国争光"是女排姑娘们一生的追求。这种为国争光的使命感和责任感,也使女排精神成为我国民族精神的一个重要符号,激发全国人民的爱国情怀,与为实现中华民族伟大复兴紧密连接在一起。新时代下为实现中国梦必须加强弘扬中国精神,中国精神是兴国之魂、强国之魂,是爱国主义为核心的民族精神和以改革创新为核心的时代精神。女排精神就是民族精神和时代精神的伟大代表。

2. 团结协作

女排精神的团结协作精神是中国女排在各种排球赛事上不可缺少的制胜法宝,是女排能够取得最终胜利的关键因素。在日常生活、训练和比赛之中,中国女排的教练组一直将团结协作的精神贯穿始终,重视团队建设,让集体主义观念根植于女排队员心中。女排国家队队员朱婷就曾说过:"排球是集体项目,不要分成你和我比较好。对于每个人起伏是难免的,我也会有起伏,有需要队友弥补的时候。"她理性且清楚地知道最完美的团队是需要大家互相信任与支持的,在赛场上永远不可能靠着一个人就做到完美,队伍中每个队员都需要服从大局。经验丰富的老队员负责把控全场、稳定军心,充满活力的年轻队员则冲锋陷阵在第一线,新老队员互助互补,配合默契,总是相互鼓励,从不抱怨,赢球一起庆祝,输球一起反省,把团结协作精神融入骨髓,是中国女排能够取得胜利的关键因素之一。而来自教练组、后勤保障团队到有关政府部门的高度配合,也成为中国女排前进道路上的坚实后盾,是使中国女排可以毫无后顾之忧发挥出团队最大效益的因素之一。

3. 顽强拼搏

竞技运动的最大本质需求就是顽强拼搏的精神力量,挑战生理极限,用大运动量的高压训练提高自身竞技水平;挑战心理极限,在挫折和失败中冷静面对,不断提升自我;永远都不轻易满足,时刻挑战新的目标。中国女排就是依靠这股拼搏斗志做到了从默默无闻到世界冠军再到夺得五连冠的光辉时刻,创造了一个又一个经典。女排精神中最可贵的不是赢得了的结果,而是为梦想拼搏的过程。中国女排为了国家的荣誉、为了排球事业的发展,拼命争取、全力搏斗的拼搏精神,让人们认识到,在面对困难和挑战时不逃避、不畏惧、百折不挠、积极面对、坚持奋勇直前的意义。当时,郎平教练说:"中国女排可以不是实力最强的球队,但我们一定是最不怕困难、最顽强、最坚韧的队伍,顽强拼搏一定是中国女排的名字。最困难的时候,总是中国女排最坚强的时候,是激发出全队斗志的时候。"当女排成绩不佳状态低迷时,她们不曾放弃,积极总结失败原因,改善自身缺陷,在训练中吃苦耐劳,能够做到百分之百的投入,不断打磨自己的技术。面对强敌时,她们不怕困难、稳扎稳打,用实力再次证明了自己。正是女排队员在赛场下顽强拼搏的艰苦奋斗精神,造就了在赛场上一次又一次的胜利高歌,成为国人为之自豪的中国女排。中国女排队员正是有着顽强拼搏精神的支撑才能够在重重困难中脱颖而出,走出低谷,再创辉煌。

4.永不言败

永不言败是新时代中国女排精神的突出特征,女排精神代表着中国女排队员不轻易放弃的精神,中国女排或许有暂时的失利,但永远没有放弃和失败。永不言败的精神是在面对强敌时不放弃、不服输的精神,是团队力量结合的最好体现。中国女排自创立以来,历经各种风雨,面临了众多的困难与挫折,从未轻易言败。女排队员从不怯懦、从不惧怕、永不放弃,争取每一次获胜的机会。女排发展至今也经历过几次挫折,2009年至2013年更是经历了数次换帅的动荡时期,女排队员专项训练不足,心理素质欠佳,缺乏完善的管理机制。即使在这种困难时期,女排队员就算明知分外艰难也依旧竭尽全力没有放弃每一场比赛,认真对待每一分,吸取比赛经验来完善自身不足。2015年女排在郎平教练的带领下时隔11年再次拿到世界杯的冠军。2016年里约奥运会面对东道主巴西队,在客场顶着全场观众的欢呼声,将压力转化为动力,秉持着顽强拼搏永不言弃的女排精神,在八强淘汰赛的生死局中力压巴西队赢取了胜利,为最终夺取冠军创造了条件。2019年中国女排用十一连胜的战绩夺取了世界杯的冠军,昭示着女排强势回归、重登巅峰。而这一路走来正是靠着女排团队永不言败的意志品质默默支撑才达成了一次又一次的逆境翻盘。努力不一定成功,但放弃一定会失败,而这种永不言败、越挫越勇的精神也令国人钦佩。

第二节 新时代大学生弘扬"女排精神"的意义

大学生是推动我们国家发展和社会进步的宝贵资源,承担着实现中华民族伟大复兴中国梦的重任。在大学这个阶段发展独立人格,是完善完整的世界观、人生观和价值观的关键。大学生的素质不仅决定着自己的人生道路,更直接关系到中国现代化建设的进程和参与国际竞争的能力。大学生是我们祖国的未来、民族的希望,是新时代的接班人,是我们国家兴旺的夯实基础,祖国的发展也必将交予他们手中,因此我们对大学生进行全方位教育和培养任重而道远。

一、培养大学生团结协作的精神

中国特色社会主义在进入新时代后,面临更多新的困难和挑战。在复杂的时代背景下、在西方错误社会思潮的冲击下,导致个人主义盛行,大学生适应性不强、自律意识不强、缺乏团队配合意识。新时代大学生弘扬团结协作的精神,有利于每个大学生将团结精神刻在心中,增强他们的集体观念。单打独斗不如齐心协力,女排精神所带来的团结协作精神,是集体精神的优秀代表。集体是个体最好的老师,大学生需凝聚团体力量,不计较个人的得失,与同学共同努力团结一致去攻克学习和生活中的难题,展现女排精神的正能量,从团队中学会求同存异,体会你中有我,我中有你的团队精神,塑造大学生价值观的积极能量。

强调团结协作的精神不但对提高大学生自身素质有帮助,还会对社会发展起到积极作用。首先,培养大学生的团结精神,有助于增强集体荣誉感。排球作为集体项目,在赛场上需要队员们凝结在一起,中国女排一直重视加强团队精神的训练,无论主力还是替补都互相配合互相照应,永远把集体荣誉放在第一位,这种团结精神是中国女排获取胜利的基本。新时代大学生受到女排精神的熏陶,将这种正能量代入到学习、生活和以后的工作中,正确认识个人和集体的关系,践行团结精神才能发挥出集体的最大力量。其次,培养大学生团队合作精神,在团队合作中主动发挥女排精神中的集体主义精神,每个人紧密联系,加深合作,激发个人潜能。通过在团队中进行交流合作可以有效提高学生的社交能力,加强沟通能力。在团队活动中也能展示自身的领导能力,对其锻炼组织能力和管理能力起到帮助。最后,培养大学生协调配合的能力,有利于加强学生对团队组织的责任感,增进学生对全局的把控能力,能够提升学生对各方面的协调能力,为今后的学习、生活和工作提供帮助,达到整体的最优效果。女排队员在场上追求的从不是单个队员的实力,而是队员之间长时间磨合出来的信任和默契,协同队友发挥出一加一大于二的加乘作用。新时代大学生要向中国女排学习协调配合的能力,协调好自己的学习和生活,为自己今后的发展打下坚实的基础。

二、培养大学生的爱国情怀

习近平总书记指出:"爱国,是人世间最深沉、最持久的情感,是一个人立德之源,立功之本。"学生不爱国是教育最大的失败,关注新时代大学生的思想政治教育对激发学生爱国情怀、培养学生的爱国主义精神有着重要作用,对促进中国精神的传承和弘扬有着积极且深远的影响。女排精神在不同时代都留下了深深的烙印,激发了各行各业的人们祖国至上、为国争光的中国情,是影响着几代中华儿女发奋图强的动力来源。在新时代为实现我国伟大复兴中国梦的关键时期,中国女排姑娘在世界舞台上代表中国持续展现了强大的存在感,用实际行动展现着文化自信,把女排精神带进高校,使学生能够从多方位了解女排精神内涵,增强自身的文化传承意识,并从中受到启发,自觉规范自身的思想和行为。将女排精神融入大学生思想政治教育当中,强化大学生群体的爱国主义情怀,培养学生对思想政治的敏感度,提高思想觉悟;引导大学生形成正确的人生观和价值观,树立正确的职业道德理念,激发学生的爱国主义情怀,使其成为新时代的接班人,为社会主义建设贡献自己的力量。

通过对女排精神的学习与认识,将爱国主义落到实际行动之中,关心祖国,主动了解国家大事,努力学习丰富知识,在当前世界局势的严峻形势下,面对来自外部环境对祖国的敌意,坚决站在捍卫祖国尊严的第一线,不与他人同流合污,保持着一颗爱国之心。在当前互联网时代背景下,面对多元化的网络舆论,在心中始终要有一杆秤,主动辨别别有用心的网络言论,对于抹黑、污蔑国家的言论坚决抵制,要将爱国主义这一精神内核发挥到极致,指导自身的思想,提升大学生践行爱国主义精神的自觉性。

　　爱国主义教育是促进中华民族振兴的重中之重,习近平总书记在弘扬爱国主义精神时谈到了"五个必须":必须把爱国主义教育作为永恒主题、必须坚持爱国主义和社会主义相统一、必须维护祖国统一和民族团结、必须尊重和传承中华民族历史和文化、必须坚持立足民族面向世界。中国女排就是凭借着对祖国的热爱,怀抱为祖国争光的理想信念,才能够从低谷中走出奔向辉煌,成为时代的带头人。而女排这种视祖国利益高于一切的思想也一代一代地传承至今,不断推动着女排队员无私奉献,在赛场上为国家荣誉而不断拼搏奋斗。这种浓浓的爱国情怀激励着当代大学生要心系祖国,做有担当的新时代新青年,把祖国的利益放在最高位,用所学知识回报社会,投身到社会主义建设当中,推动中国社会的前进与发展。

三、培养不断进取自强不息的意志品质

　　自强不息的精神是中华民族一代代传承下来的民族精神,是女排队员为了祖国和个人理想不断努力所展现出的积极向上的精神。中国女排漫长而曲折的发展史,就是这种精神的生动写照。从 1981 年中国女排第一次为中国赢取了三大球的第一个世界冠军至今,中国女排共获得了 10 次世界比赛的冠军,是名副其实的十冠王。40 多年风雨兼程,在这条道路上也不是一帆风顺的,女排也经历过较长时间的蛰伏期,在这过程中有过辉煌也有过暗淡。但从国家体委、教练员团队到女排队员都凭借着自强不息的意志品质不断进取,坚持不懈地通过大量的训练完善自身的技术,通过不断的比赛磨炼自己的心态,这种女排精神引领着女排队员战胜一次又一次的挑战,重新登上顶峰。这种中华民族自强不息的民族精神始终伴随着中国女排的成长,是女排精神取得今日成就的重要原因之一。

　　在进入大学之后,大多数新生对校园生活是充满期待但又有一些担忧的,刚进学校时找不到奋斗的目标,加之对新环境的适应、如何应对与同学之间的人际交往、如何面对忙碌的学习生活、如何处理感情生活等问题,造成一些学生难以适应大学生活而逐渐掉队甚至被淘汰。通过学习女排精神,正确对待大学这个充满机遇的新生活,在生活学习各方面制定目标,激发自己的奋斗激情,去挑战去达成,这种自强不息的人生态度会对大学生在今后人生中追求自身的理想信念形成积极的作用。而在互联网时代中,当代大学生也更容易接触到来自西方不良思潮的渗透,享乐主义、拜金主义、功利主义等都影响年轻人形成错误的价值观。而我国正处在全面建设社会主义现代化国家开局起步的关键时期,通过女排精神的传扬,在大学生中展开继承和弘扬自强不息民族精神的教育,为大学生思想政治教育提供帮助,使大学生树立正确的价值观和人生观,有效规范自身行为。除系统的文化课学习外,在大学里还可以体验到丰富的实践活动,对培养学生的实践创新能力,实现全面发展有积极作用。在实践中学习女排队员自强不息的精神,磨炼自己的意志,不断提高自身的思想品质,学会用正确的态度对待未来的人生,在实践中把个人理想融入全国各族人民的理想中去,成为祖国未来发展的栋梁之材,为实现中华民族伟大复兴贡献出自己的力量。

第六章
气排球竞赛规则与裁判工作

第一节　气排球竞赛规则与裁判员的作用

一、规则的作用

规则是运动技术的统一规范与准则,是竞赛的主要法律文件。气排球竞赛规则由中国排球协会审定颁布。

第一,规则保证了比赛公平地进行,体现在比赛条件均等、参赛人数相等、比赛机会均等。

第二,规则促进了运动技术水平的提高和合理发展,体现在规则的制定要符合技术与战术的发展规律和运动特点,规则的修改要促进技术与战术的发展。

第三,规则具有同一性与统一性,具体是指比赛条件规格化、比赛方法与形式的一致性、比赛尺度的一致性。

第四,规则具有权威性与严肃性,体现在文字准确,文本有高度的概括性、指导性。

二、裁判员的作用

(1)裁判员既是比赛的参加者亦是组织者,必须熟悉比赛规则和规程,才能使比赛过程有序进行。

(2)裁判员为使比赛公平、公正地进行,必须正确理解和准确执行规则精神,使比赛结果成为运动水平的客观反映。

(3)裁判员要熟悉技术与战术的发展趋势,在执行裁判任务时,明确鼓励什么、限制什么,从而在技术规范上对气排球技术发展起到促进作用。

(4)裁判员是比赛场上体育道德行为规范的实践者和教育者。

气排球比赛除比赛条件外,还应有良好的竞赛环境。无论是参加比赛的运动员、教练员还是裁判员,都应努力实践,做一名比赛场上的体育道德行为规范倡导者。

第二节　气排球主要竞赛规则与裁判方法

一、比赛的计分方法

(1)得1分。比赛采用每球得分制。当某队使球成功地落在对方场区、对方犯规或对方受到判罚时,该队得1分。

(2)胜一局。比赛前两局以先得21分为胜一局,先得21分的队即该局获胜。目前,基层比赛都根据此规则执行。如果前两局比分为1∶1,决胜局以先得15分并超过对方2分的队获胜(如当比分为14∶14时,应打到16∶14或17∶15为止)。任何一方先得8分时交换场地。

(3)胜一场。比赛采用三局两胜制,胜两局的队为胜一场。如果1∶1平局,则进入决胜局。

(4)弃权与阵容不完整。

①弃权:如某队被召唤后拒绝比赛或无正当理由未准时到场,则宣布该队弃权。对方以每局21∶0的比分和2∶0的比局获胜。

②阵容不完整:如某队被宣布一局或一场比赛阵容不完整,则输掉该局或该场比赛,应给予对方该局或该场比赛所得的分数和局数。阵容不完整的队保留其所得分数和局数。

二、比赛的组织

(一)抽签

比赛开始前和决胜局比赛前,第一裁判员组织双方队长参加抽签,决定第一局或决胜局发球的队和场区,第二裁判员跟随参加抽签。

抽签获胜的一方可以在发球或接发球、场区中进行选择,另一方在获胜方选择后,挑选余下的部分。

(二)准备活动

两队合练5 min。第一裁判员宣布活动时间。

(三)比赛者的权利和义务

1.队长的权利和义务

应在记分表上注明谁为队长,且应有队长标志。比赛开始前,队长在记分表上签字并代表本队抽签,应对全队成员的行为和纪律负责。如队长被换下场,可指定另一名学生担任场上队长,代其行使职权。在比赛中,成死球时,仅有场上队长可以请求对规则和规则的执行进行解释。

2.教练员的权利和义务

教练员可以在教练活动区站立或走动,进行场外指导,但不得干扰或延误比赛。比赛前,教练员在记分表上登记和检查学生姓名、号码并签名;每局比赛前,填写上场学生位置表,签名后交给第二裁判员或记录台。比赛中可以请求暂停和换人。

三、场上位置

发球学生击球时,双方学生(发球学生除外)必须在本场区内按轮转次序站位。

(一)场上学生位置

1.五人制

场上位置排列为前排 3 人,即 2 号位(右)、3 号位(中)、4 号位(左);后排 2 人,即 5 号位(左)、1 号位(右)。图 6-1 为同排学生。2 号位、1 号位及 4 号位、5 号位的学生为同列学生。

2.四人制

场上位置排列为前排 2 人,即 2 号位(右)、3 号位(左);后排 2 人,即 1 号位(右)、4 号位(左)。图 6-2 为同排学生。2 号位、1 号位及 3 号位、4 号位为同列学生。

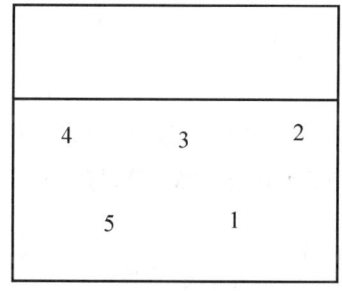

图 6-1　五人制

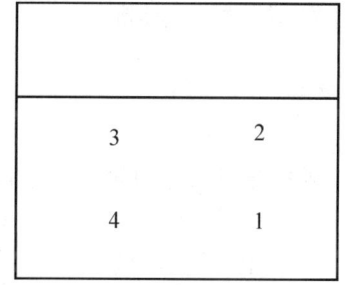

图 6-2　四人制

(二)位置的判定

学生的位置应根据脚的着地部位来判定。每名前排学生至少有　只脚的一部分比同列后排学生的双脚距中线更近(见图 6-3)。每名前排右边(或左边)学生至少有一只脚的一部分比同排中间(四人制为左边或右边)学生的双脚距右边(四人制为左边)线更近。每名后排右边(或左边)学生至少有一只脚的一部分比左边(或右边)学生的双脚距右边(或左边)线更近。

(三)位置错误犯规

发球学生击球瞬间,若双方学生不在规定的位置上,则构成位置错误犯规。判断时应注意:(1)位置错误只有在发球击球瞬间才可能发生;(2)双方学生的场上位置,应根据其脚的着地部分确定;(3)发球方与对方位置错误同时发生,则判发球犯规、发球后犯规(如界外球、发球未过网、发球掩护等);而对方出现位置错误,则判位置错误犯规。

判罚:由第一裁判员(视发球学生)和第二裁判员(视接发球学生)共同负责裁定,学生的

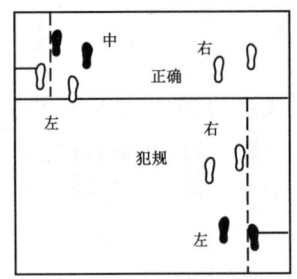

图 6-3　位置判定

相互位置关系依据场上位置表所确定的学生位置关系而确定。判罚发球犯规或对方位置错误犯规,失 1 分,学生立即站到正确位置。

四、发球

(一)发球的定义

后排右(1 号位)学生在发球区将球击出而进入比赛的行动称为发球。

第一裁判员检查发球学生已握球在手且双方学生都已做好比赛准备后,则鸣哨发球。

(二)发球犯规与判断

1. 发球击球时的犯规

(1)发球次序错误。发球次序应按照位置表上的顺序进行。发球队胜一球或接发球队胜一球时,均须按顺时针方向轮转一个位置发球。未按照正确的发球次序发球,则判发球次序错误。

判罚:主要由记录员发现该犯规。记录员应在球发出后立即鸣哨中断比赛并报告第二裁判员。第一裁判员如确认犯规,也可鸣哨判罚。判罚发球队失 1 分,然后让该队恢复正确位置。

(2)发球时球未抛起或未使球清楚离开就击球。发球时球被抛起或持球手撤离后,必须在球落地前,用一只手或手臂将球击出。

判罚:由第一裁判员负责裁定,判罚发球犯规失 1 分并失去发球权。

(3)发球区外发球。发球学生在击球或起跳击球时,不得踏及场区(包括端线)和发球区以外地面,否则判发球区外发球犯规。发球学生在击球前允许在发球区外助跑,但击球(或起跳)时应在发球区内。击球后发球学生可以踏入场内或踏出区外。

判罚:由第一裁判员和同侧的司线员负责裁定,判罚发球犯规失 1 分。

(4)发球超过 8 s 犯规。

(5)双手击球或单手将球抛出、推出。

(6)球抛起后,在下落时触及发球学生身体任何部位。

2. 发球击球后的犯规

(1)发球未过网。球触及发球学生或球的整体没有从过网区内通过球网的垂直平面,均为发球未过网。

判罚:由第一裁判员裁定,判罚发球犯规失 1 分。

(2)界外球。球接触地面部分完全在界线以外;球触及场外物体、天花板或非场上比赛成员等;球触及标志杆、网柱或标志带以外的网、网绳等;球的整体或部分从过网区以外过网;球的整体从网下穿过。以上情况均判界外球。球触及比赛场区的地面(包括界线)为界内球。

判罚:由第一裁判员、第二裁判员、司线员共同负责裁定,判罚发球犯规失 1 分。

(3)发球掩护。发球时,发球队学生个人或集体密集站位或挥臂跳跃、左右移动以阻挡、遮挡球的飞行路线,且发出去的球从他或他们上空飞过,则构成个人或集体发球掩护犯规。

判罚:由第一裁判员负责裁定,判罚发球队犯规失 1 分。

五、击球时的犯规与判断

(一)四次击球

比赛中每队最多连续触球三次(拦网除外),将球从球网上沿击过,如超过三次击球,则判四次击球犯规。不论学生是主动击球还是被动触球,均算该学生击球一次判罚,由第一裁判员负责裁定,第二裁判员协助判定,判罚犯规队失 1 分。

(二)持球

学生必须将球击出,不得接住或抛出,击出的球可以向任何方向弹出,否则判持球犯规。判断时应注意:

(1)清楚击球与持球间的区别,击球是一个单一的动作;而持球是使球在手上停滞后再抛出,而不是清晰地击出。

(2)进攻性击球时,吊球是允许的,但触球必须清晰。

(3)学生在拦网时有握或抛的动作,裁判员必须判其持球。

判罚:只有第一裁判员负责裁定持球犯规,判罚犯规队失 1 分。

(三)连击

一名学生连续击球两次或球连续触及身体的不同部位(拦网和同一动作时除外),均判连击犯规。判断时应注意:

(1)在第一、二、三次击球时,允许身体不同部位在同一个动作中连续触球。

(2)要排除在一个拦网动作中球迅速且连续触及一名或更多的拦网学生的情况。拦网后,即使是集体拦网,触过球的学生仍可再做一次击球。

(3)判断连击犯规应以视觉判断为主,要看清击球一瞬间是否造成连击犯规,而不用考虑击球前、后的动作。

判罚:由第一裁判员负责裁定,第二裁判员协助判定,判罚犯规队失 1 分。

(四)借助击球

学生在赛场内借助同伴或其他物体的支持进行击球,为借助击球犯规。判断时应注意:

(1)一名学生可以拉住或拦住另一名即将造成犯规的同队学生(如触网、过中线等)。

(2)学生由球后拉住网柱、挡板、裁判台等保护动作,不算犯规。

判罚:由第一裁判员负责裁定,第二裁判员协助判定,判犯规队失1分。

(五)同时击球

同队的两名(或三名)学生同时触到球时,被记为两次(或三次)触球(拦网除外)。如果只有其中一名学生触球,则只记一次。

如果是两名不同队的学生在网上同时触球,比赛继续进行,获球一方仍可击球三次。如果该球落在某场区之外,则判对方击球出界。

判罚:由第一裁判员负责裁定,第二裁判员协助判定,判犯规队失1分。

六、进攻性击球犯规与判断

除发球和拦网外,所有直接击向对方的球都是进攻性击球,包括扣球、吊球、第一、二、三次击球,以及本队学生间进行配合的有过网趋向的传球等。进攻性击球时,球的整体通过球网垂直面(包括触及球网后再进入对方场区)或触及对方拦网学生的手,则认为完成进攻性击球。

(一)过网击球

在对方进攻性击球前、后或击球时,本方学生在对方场区触及球,则为过网击球犯规。

判罚:由第一裁判员负责裁定,判犯规队失1分。

(二)前场区进攻性击球犯规

在前场区,完成进攻性击球、击球过网时没有明显向上的弧度(包括平行飞向过网的球),即判定为前场区进攻性击球犯规。

对对方的进攻性击球拦网时,拦网动作改为击球动作,且球整体过网时没有明显向上的弧度,应判进攻性击球犯规。

判罚:主要由第一裁判员判定,判犯规队失1分并失去发球权。

(三)击发球犯规

无论是在前场区还是在后场区,不能对其发球(在球的整体高于沿时)进行进攻性击球,否则判为犯规。

判罚:由第一裁判员负责裁定,判犯规队失1分并由对方继续发球。

七、球网附近的球

(1)球过网的规定。球的整体必须通过球网上空的过网区进入对方场区。过网区是球网垂直面,其范围下至球网上沿,两侧至标志杆及其延长线,上至天花板。

(2)球触球网的规定。球通过球网时可以触网;球入网后,可以在三次击球内再次击球。

判罚:主要由第一裁判员进行判罚,球过球网时司线员进行协助,判犯规队失1分。

八、球网附近的学生

(一) 过中线

1. 五人制

学生除脚以外,身体任何部位触及对方场区为犯规。

比赛中断后,学生可进入对方场区,因此必须清楚地判断是先成死球还是先过中线。

2. 四人制

比赛进行中学生整只脚越过中线并接触对方场区时,为过中线犯规。判断时应注意:

(1)学生的一只(两只)脚部分越过中线触及对方场区的同时,其余部分接触中线或置于中线上空是允许的。

(2)与对方有身体接触但不一定妨碍刘方的合法击球试图,即便没有身体接触也可能造成妨碍。

判罚:过中线犯规主要由第二裁判员负责裁定,发现犯规后立即鸣哨并做出手势。第一裁判员同样有权判定,判犯规队失1分并失去发球权。

(二) 触网

1. 五人制

五人制中,触网即犯规,在比赛过程中,任何情况下都不得触网。

2. 四人制

在比赛进行中,学生触网不是犯规,但以下干扰比赛的情况除外:

(1)击球时,触及球网上沿的网带。

(2)触及球网以上的 80 cm 标志杆。

(3)击球时借助球网的支持。

(4)造成对本方有利。

(5)妨碍对方合法的击球试图。

判断时应注意:

(1)学生击球后,在不干扰比赛进行的情况下,可以触及网柱、网绳和网全长以外的任何其他物体。

(2)由于球击入球网而造成网触及学生,不判犯规。

(3)成死球后学生触网。

判罚:第一裁判员负责观察进攻队及双方学生网上沿触网犯规,第二裁判员负责观察双方学生在网上沿以下触网犯规,判犯规队失1分。

九、拦网犯规

(一) 拦网定义

拦网是学生靠近球网,在球网处阻挡对方进攻性击球的行动。与触球点是否高于球网无关,但触球时必须有身体的一部分高于球网上沿。只有前排学生可以拦网。

触及球的拦网行动被认为完成拦网。允许拦网学生的手过网拦网,但必须在对方进行攻击性击球后才能触球。

(二)拦网犯规的判断

1. 过网拦网

五人制:对方学生进攻性击球前、击球时或击球后,拦网学生在对方场区拦网触球,则判过网拦网犯规。

四人制:对方进攻性击球前或击球时在对方场区拦网触球为过网拦网犯规。判罚由第一裁判员负责,判拦网队犯规失 1 分。

2. 后排学生拦网

后排学生靠近球网,在高于球网处阻拦对方来球并触及球,为后排学生拦网犯规。判断时应注意以下几点:

(1)当后排学生参加集体拦网时,只要靠近球网,高于球网处阻拦,虽然本人未触球,但集体拦网成员中的任一学生触及了球,即被认为参加集体拦网的学生都触及了球,因此判定后排学生拦网犯规。

(2)后排学生在球网附近、低于球网上沿触及对方来球,不能判为后排学生拦网犯规。

(3)造成后排学生拦网犯规的一般是后排插上学生,因此,对后排插上学生应特别注意。

判罚:由第一、第二裁判员共同负责裁定。第二裁判员发现后应立即鸣哨并做出犯规手势,判犯规队失 1 分并失去发球权。

3. 拦发球

拦对方发过来的球为拦发球犯规。只要学生在球网附近并高于球网上沿阻挡对方发过来的球,不论是拦起还是拦死,只要触球即犯规。

判罚:由第一裁判员负责裁定,判犯规队失 1 分并由对方继续发球。

十、界内、外球的规定与裁判方法

(一)界内、外球的规定

1. 界内球

球触及比赛场区的地面包括界线为界内球。

2. 界外球

(1)球接触地面的面积完全在界线以外。

(2)球触及场外物体、天花板或非场上的成员等。

(3)球触及标志杆以及标志杆以外的球网、网绳或网柱。

(4)球的整体从网下穿过。

(5)球的整体或部分从过网区以外过网。

（二）对界内、外球的裁判方法

（1）对界内、外球，第一、第二裁判员根据自己的位置和职权范围做出相应的判断。

（2）司线员对界内、外球应做出判断并出示相应的旗示。

击球时，球的整体或部分从过网区外进入对方无障碍区，学生可以将球从同侧非过网区击回，对方不得阻碍。

十一、比赛间断

（一）正常的比赛间断

正常的比赛间断有暂停和换人。由教练员或队长用正式手势在死球时第一裁判员鸣哨前发出请求。

1. 暂停

（1）每局比赛中，每队最多有　　暂停机会，每次时间为 30 s。

（2）一次或两次暂停与双方各一次换人相连续，中间无须经过比赛。

（3）暂停时，学生必须离开比赛场区到球队席附近的无障碍区。由第二裁判员掌管，第一裁判员也有权掌管。

2. 换人

五人制比赛中，每局每队最多可换 5 人次。四人制比赛中，每局每队最多可换 4 人次。同一个队未经比赛过程不得连续请求换人，但在同一次换人中，可换 1 人或多人时所换学生不受位置限制，可任意换人。

特殊换人：因学生受伤或生病不能继续比赛时，首先进行合法换人，如果不能进行合法换人，就采取特殊换人。特殊换人不作为合法换人的次数，任何学生均可替换受伤学生，但受伤学生不可在本场比赛中返回赛场上。

由第二裁判员负责裁定，第一裁判员也有权裁定。

（二）例外的比赛间断

1. 学生受伤

比赛中如出现严重伤害事故，裁判员应立即鸣哨中断比赛，允许医务人员进入场地。该球重新开始。处理时应注意：

（1）首先应进行合法换人，如不能，允许进行特殊换人。

（2）如特殊换人不能进行，则给予受伤学生 5 min 的恢复时间。

（3）如 5 min 后仍不能进行比赛，则该队被宣布阵容不完整。

2. 外界因素

比赛中出现任何外界干扰（如非比赛球滚入场内、杂物抛进场内等），应立即中断比赛，该球重新进行。

3. 拖延比赛

任何意外的情况阻碍比赛时（如室外比赛遭遇暴风雨、网柱或网绳断裂、照明灯断电等），

第一裁判员、比赛组织者和主管委员会成员共同采取措施恢复比赛。处理时应注意:

(1)一次或数次间断时间不超过 2 h。

原场地恢复比赛:间断的一局保持原比分、原学生和原场上位置,已结束的各局保留比分。

换场地恢复比赛:间断的一局应取消,但保持该局开始时的阵容和位置,已结束的各局保留比分。

(2)一次或数次间断时间超过 2 h,全场比赛重新开始。

(三)不符合规定的间断请求

(1)超过规定次数的暂停。

(2)超过规定次数的换人。

(3)同一队未经比赛过程再次换人。

(4)其他队成员提出间断请求。

(5)第一裁判员鸣哨发球的同时或之后请求间断。

判断时应注意:以上不符合规定的请求,如不影响和延误比赛,应予以拒绝,不判罚;但在同一局中再次出现,则判"延误比赛"犯规。

判罚:由第二裁判员拒绝,第一裁判员判罚,判犯规队失 1 分。

十二、延误比赛

(一)延误比赛的定义

一个队拖延比赛继续进行的不正当行动称为延误比赛。

(二)延误比赛的类型

(1)换人延误比赛:换人队准备上场学生未按要求做好换人上场准备(穿好服装、拿好换人牌),并在教师员提出请求后未及时跑向换人区。

(2)在裁判员鸣哨恢复比赛后,拖延暂停时间。

(3)同一局中再次提出不符合规定的请求。

(4)球队成员拖延比赛顺利进行;场上队长向裁判员持续询问;其他学生向裁判员询问;发球学生拖延发球时间。

(5)请求不合法的替换。

(三)延误比赛的判罚

只有第一裁判员才可对延误比赛进行判罚。延误比赛的判罚如表6-1所示。

1. 延误警告

一场比赛中,对某一队的第一次延误比赛给予黄牌"延误警告",不予判罚,防止重犯。

2. 延误判罚

一场比赛中,同一队任何一名学生或其他成员出现第二次及其后的延误犯规,则判"延误判罚"犯规,由第一裁判员出示红牌,判犯规队失 1 分。

表 6-1　延误比赛的判罚

种类	发生次数	违反者	判罚	牌	结果
延误	第一次	同队的任一学生	延误警告	手势、黄牌	不予判罚,防止重犯
延误	第二次(及其后的)	同队的任一学生	延误判罚	手势、红牌	失 1 分

十三、不良行为以及判罚

(一)不给予处罚的不良行为

轻微的不良行为不判罚,但第一裁判员有责任用手势或口头对场上队长给予警告,防止该队再发生导致判罚的不良行为。对轻微不良行为的警告分两种:(1)通过场上队长给予警告;(2)向相关学生出示黄牌,并记录在记分表上,无其他判罚。这个正式的警告本身不是判罚,但是标志着相关学生已达到判罚的程度。

(二)给予处罚的不良行为

按不良行为的程度,球队成员对裁判员、对方学生、同队学生或观众等的不良行为分为三类:

(1)粗鲁行为:违背道德准则或不文明举止。

(2)冒犯行为:诽谤、侮辱的言语或行为,或有任何轻蔑的表示。

(3)侵犯行为:人身攻击、侵犯或威吓等。

处罚的等级:

(1)判罚:对任何成员的粗鲁行为给予失 1 分判罚,出示红牌,对方得 1 分。

(2)判罚出场:同一成员在一场比赛中的第二次粗鲁行为、某成员第一次出现冒犯行为,判罚出场,即取消一局比赛资格,裁判员持红牌、黄牌。该成员不得继续参加该局的比赛。教练员如果被判罚,则失去该局的指挥权。

(3)取消比赛资格:同一成员在一场比赛中的第三次粗鲁行为或冒犯行为、某成员第一次出现侵犯行为,即取消比赛资格,裁判员一手持红牌,一手持黄牌。任何成员被取消比赛资格,必须立即进行合法的替换,离开比赛控制区,不得继续参加该场比赛。

(三)处罚的实施

(1)不良行为的判罚是针对个人的,对全队比赛有效,记录在记分表上。

(2)同一成员在同一场比赛中重犯不良行为时,按判罚等级加一级判罚(该成员接受的判罚要重于前一次)。

十四、局间休息与交换场区

(一) 局间休息

第一局结束后休息 2 min,决胜局前休息 3 min。

(二) 交换场区

第一局结束后,比赛队交换场区。决胜局(第三局)中,当某队先得 8 分时,两队交换场区,不休息,学生在原来的位置上继续比赛。如果未能及时交换场区,一经发现立即交换,保留两队已得分数。

十五、气排球裁判员的鸣哨、手势与旗示

裁判员的鸣哨、手势与旗示不仅能表明裁判员的判断和裁决,反映裁判员的敏捷和果断,而且可以指挥比赛有序进行,促进学生技术和战术的发挥。

(一) 鸣哨

(1)在比赛中,只有第一裁判员和第二裁判员可以鸣哨。第一裁判员鸣哨指示发球,开始比赛。第一裁判员和第二裁判员确认犯规并判明其性质,鸣哨终止比赛。

(2)在比赛中断期间,第一裁判员和第二裁判员可以鸣哨表示同意或拒绝某队的请求。

(3)裁判员应备有单音哨和双音哨各一只,既可避免与其他赛场哨音相同,也可作为备用哨。

(4)哨子应挂在胸前,不能握在手中。需讲话时要吐出哨子,不能咬着哨子讲话。

(5)不同哨音的语言含义不同:

①发球、发球失误、发球直接得分时,鸣哨要清脆、短促。

②击球、触网、过中线、位置错误等犯规时,哨音要重且脆,并且要稍长些。赛前召集双方队长、比赛开始与结束、请求暂停、换人、宣布准备活动开始或结束等,鸣长哨。

(6)第一裁判员、第二裁判员的哨音应有区别,不必重复鸣哨。

(二) 手势与旗示

1. 手势的使用

裁判员鸣哨终止比赛后,应立即以法定手势表明:

(1)如果第一裁判员鸣哨,他应指出应发球的队、犯规的性质、犯规的学生(必要时),第二裁判员重复其手势。

(2)如果第二裁判员鸣哨,他应指出犯规的性质、犯规的学生(必要时),跟随第一裁判员指出发球队。

2. 手势与旗示的使用要求

(1)裁判员只能用法定手势,避免使用其他手势。但在特殊场合,一些辅助手势可以使学生更加清楚裁判员的意图。

（2）当第二裁判员鸣哨判罚犯规时（如球出界），一定要注意手的方向与犯规队一致，左方的学生使球出界出左手示意，右方的学生使球出界出右手示意。另外出示手势前，位置要移动到犯规队一方。

（3）裁判员鸣哨必须及时，手势也要坚决果断。其中，必须注意的两点为：裁判员的决断不能受观众及学生的干扰和影响；当裁判员自己意识到或经别的裁判员提醒认识到判断错误时，要立即对错误进行纠正。

（4）司线员旗示所展示的信息对参赛者和观众而言非常重要，第一裁判员一定要非常关注。当司线员的判断错误时，第一裁判员可以进行纠正。司线员要时刻关注球的移动路线，尤其要关注触手出界的判断。

（5）当第三次击球后球没有越过网的垂直面时，若是最后一次击球的同一学生再次触球，手势为连击；若是另外一名学生触球，手势为四次击球。

第三节　气排球场地、器材与设备

一、比赛场地

气排球比赛场地包括比赛场区和无障碍区。比赛场区为长 12 m、宽 6 m 的长方形。其四周必须有 2 m 宽的无障碍区，从地面向上至少有 7 m 的无障碍空间（非正式比赛，面积可适当调整）。

（一）比赛场地的画线

场地上所有的线均宽 5 cm，有界线、中线、进攻线、发球区短线。

1. 界线

两条边线和两条端线划定了比赛场区。边线和端线都包括在比赛场区面积之内，长线为边线，两条短线为端线。

2. 中线

中线连接两条边线的中点。中线将比赛场区分为长 6 m、宽 6 m 的两个相等场区。

3. 进攻线

每个场区各有一条距中线 2 m 的进攻线。进攻线（包括进攻线的宽度）前为前场区。进攻线与端线之间为后场区。进攻线外两侧各画长 15 cm、间距 20 cm 的三段虚线，为进攻线延长线。

4. 发球区短线

端线后两条边线的延长线各有一条长 15 cm、距离端线 20 cm 的短线，为发球区短线。两条短线（含短线宽度）之间的区域为发球区，发球区深度延至无障碍区的终端。

5. 教练员限制线

教练员限制线由一组长 15 cm、间隔 20 cm 的虚线组成，虚线自进攻线的延长线至端线延长线,距边线 1.05 m 并平行于边线。教练员限制线限制教练员的活动区域。

(二)裁判台

裁判台设在球网的一端,面向记录台,一般使裁判员的水平视线高出球网 50 cm 左右为宜。

二、场地画法及检测

(一)场地画法

先在场地中间画一条 6 m 长的中线 MN,取中点为圆心,以 6.71 m 为半径向 4 个场角画弧。再分别以 M 点、N 点为圆心,以 6 m 为半径画弧,分别同前面的 4 个弧线相交,共成 A、B、C、D 四个点。连接这四个点便形成了场区的边线和端线。

再分别以 M 点、N 点为圆心,以 2 m 为半径,在各边线上截取 E、F、G、H 四个点,连接 EG、FH 形成进攻线。场地画法详见图6-4。

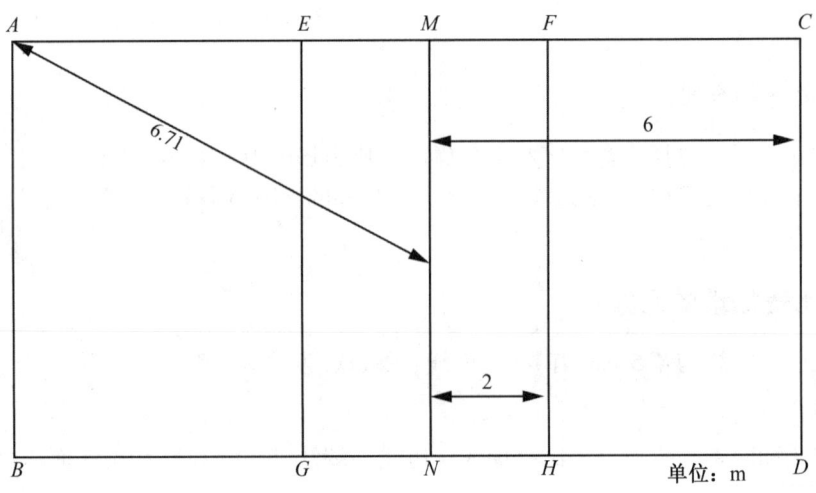

图 6-4　场地画法

(二)场地的检测

(1)界线全部为 5 cm 宽。

(2)两个场区对角线之间的距离必须一致。

(3)线的颜色与场区和无障碍区的颜色应有明显区别。

(4)若正式比赛场地上有其他体育项目的画线,其颜色应与气排球比赛界线有所区别。

(5)中线平均分在双方场区面积内。

场地检测示意如图6-5所示。

注:丈量中线是以中点计算,其他各线均以外沿计算。

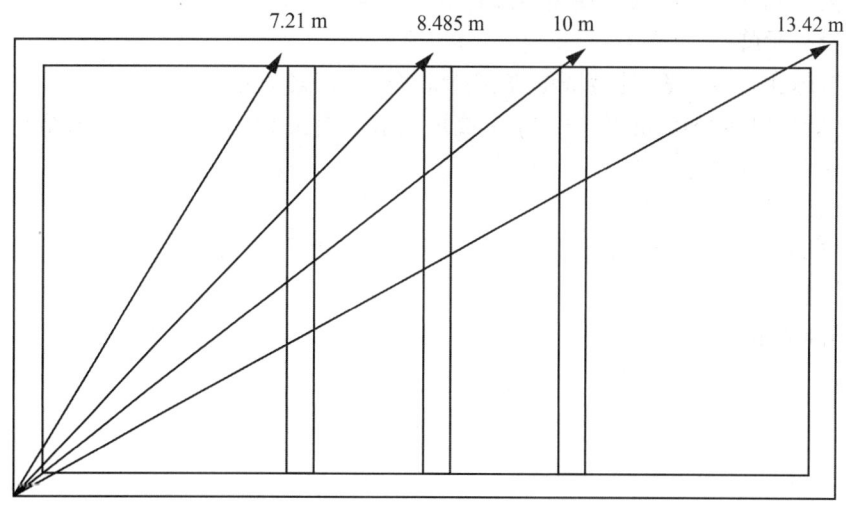

图 6-5　场地检测

三、器材与设备

(一)球网和网柱

1. 球网

球网架设在中线上空,在中线的垂直面上,为黑色。全长 7 m、宽 1 m,网孔面积为 10 cm²。球网的两端各系一条宽 5 cm、长 1 m 的标志带,垂直于边线。两条标志带的外沿、球网的不同侧面分别设置长 180 cm、直径 10 mm、有韧性的标志杆,高出球网 80 cm。标志杆每 10 cm 应涂有红白相间的颜色。

球网的张力适中,拉紧后可使球反弹,但弹性又不能过大。第一裁判员应用球掷向球网的方法进行检查,视球反弹情况判定是否符合要求。不能使用中间凸起的球网或网眼破损的球网。

球网高度:五人制比赛,男子 2 m,女子 1.8 m;四人制比赛,男子 2.1 m,女子 1.9 m(现多地中年组五人制的比赛也采用此高度)。球网高度应用量尺从场地中间丈量,球网两端(边线上空)的高度必须相等,不得超过规定网高 2 cm。

2. 网柱

两根高 2.22 m 的网柱由圆形光滑的金属材料制成(可调节高度),分别架设在两条边线外 0.5~1 m 的中线延长线上。比赛之前或比赛期间,裁判员必须检查网柱和裁判台有没有对学生构成危险的因素(如网柱突出的绞盘、挂钩等)。

(二)其他器材与设备

(1)黄牌和红牌。第一裁判员判罚使用。

(2)司线旗。一般为红色,尺寸为 40 cm×40 cm。

（3）换人号码牌。比赛换人使用,号码一般为 1~19 号。

（4）比分显示牌。

（5）气排球比赛位置表、比赛成绩表、简易记分表、正式记分表。

（6）裁判台。长约 80 cm,宽约 70 cm,高度调节范围在 1.10~1.20 m 的升降台。

（7）记录台。

（8）球队席长凳。

（9）记录夹、三角尺、记录笔。

（10）广播器材。

（11）网高丈量尺。

附录一
气排球竞赛规则（2022—2025）

修订说明：

为引导我国气排球运动健康发展，促进对外交流，在总结 2015 年至今全国范围使用《气排球竞赛规则》(以下简称《规则》)经验的基础上，我们对《规则》进行了部分修订，增加了英文版《规则》。在修订过程中，中国排球协会吸纳近年来我国气排球运动发展的最新成果，统筹考虑气排球运动的推广需要，同时，保持 2017—2020 版规则的延续性与连贯性；2022—2025 版规则力求内容与条款的时代性、科学性和可操作性，利于裁判员临场判定，便于大众学习掌握。本规则的修订与英文版的加入，将对我国气排球运动的发展及国际推广起到进一步的规范、指导和促进作用。

比赛的特性：

气排球比赛是两队在由球网分开的场地上进行比赛的集体项目。它可以有多种灵活的比赛方法，以适应各种不同性质比赛的需求。

比赛的目的，是各队遵照规则，将球击过球网，使其落在对方场区的地面上，并且阻止其落在本方场区的地面上。

比赛由发球开始，发球队员击球使其从网上经过规定的过网区飞至对方场区，比赛由此连续进行，直至球落地、出界或某一队不能合法地将球击回。

比赛采用每球得分制，当某队胜一球时，即得一分，且获得发球权，同时队员按顺时针方向轮转一个位置。

第 1 章 场地与器材

1 比赛场地

比赛场地包括比赛场区和无障碍区。

1.1 面积

比赛场区为长 12 m、宽 6 m 的长方形。其四周至少有宽 2 m(或 3 m)的无障碍区，从地面向上至少有高 7 m 的无障碍空间。

1.2 场地地面

场地地面必须平坦、水平、划一。不得有任何可能造成队员受伤的隐患,也不得在粗糙或易滑的地面上进行比赛。

1.3 场地上的线

场地上所有的线宽 5 cm,其颜色须区别于场地颜色。

1.3.1 界线

两条边线和端线划定了比赛场区。边线和端线都包括在比赛场区面积之内。

1.3.2 中线

中线连接两条边线的中点。中线的中心线将比赛场区分为长 6 m、宽 6 m 的两个相等的场区。

1.3.3 进攻线

每个场区各画一条距离中线的中心线 2 m 的进攻线。进攻线前(包括进攻线)为前场区,进攻线后为后场区。进攻线外两侧各画间距 20 cm、长 15 cm 的三段虚线为进攻线的延长线。两条进攻线的延长线之间、记录台一侧边线外的范围为换人区。

1.3.4 发球区短线

端线后两条边线的延长线上各画一条长 15 cm、垂直并距离端线 20 cm 的短线。两条短线(包括短线宽度)之间的区域为发球区,发球区深度延至无障碍区的终端。

1.3.5 跳发球限制线

在端线外 1 m 处,画一条平行于端线且长度与端线相等的线为跳发球限制线。跳发球时的起跳点必须在该线后。

1.4 裁判台、记录台、球队席

裁判台设在球网的一端。记录台设在裁判台对面的边线无障碍区外,记录台两侧设球队席(见附图 1)。

2 球网和网柱

2.1 球网

球网垂直地面架设在中线上空。球网为黑色,长 7 m,宽 0.8 m,网孔长、宽均为 8 cm。网的上沿缝有宽 5 cm 的双层白色帆布,中间用柔软的钢丝绳穿过,网的下沿用绳索穿起,上下沿拉紧并固定在网柱上。球网的两端各系一条宽 5 cm、长 0.8 m 的标志带,垂直于边线。在两条标志带外沿、球网的不同侧面,分别设置长 1.8 m、直径 1 cm 的标志杆,高出球网 1 m。标志杆高出球网部分,每隔 10 cm 涂成红白相间的颜色。

2.2 球网高度

男子球网高度 2.1 m、女子球网高度 1.9 m。球网高度用量尺从场地中间丈量。球网上沿两端离地面必须相等,不得超过规定高度 2 cm。

2.3 网柱

网柱用圆形光滑的金属材料制成。网柱分别架设在两条边线外 0.5~1 m 的中线延长线上。

3 球

球为圆形,球的面料材质是柔软的高密度合成革,颜色为彩色。球圆周长为 72~78 cm,重量为 120~140 g,气压为 0.15~0.18 kg/cm^2。一次比赛所用的球必须是同一标准、同一品牌的球。

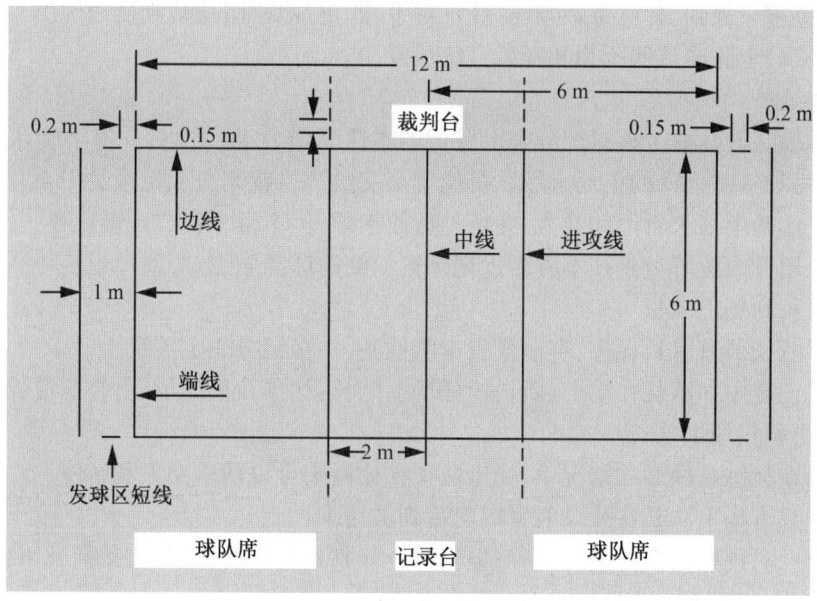

附图1 气排球比赛场地图

第2章 比赛参加者

4 比赛队

4.1 球队的组成

4.1.1 一个队最多由10名参赛人员组成,其中:

领队1名(可兼队员)。

教练员1名(可兼队员)。

8~10名队员,队员中有1人担任队长(领队、教练员不能担任队长)。

4.1.2 只有登记在记分表上的球队成员,方可进入场地和参加比赛。

一经教练员、队长在记分表上签名确认后,队员名单不得更换。

4.2 球队的位置

比赛中,球队成员坐在本方场区一侧的球队席上;替补队员可以在本方场区的无障碍区外做无球的准备活动。

5 队员装备

5.1 服装

队员服装必须统一,上衣前后须有号码,序号为1~10号。身前号码至少高15 cm,身后号码至少高20 cm,号码笔画至少宽2 cm。队长上衣胸前须有一条与上衣颜色不同的长8 cm、宽2 cm的标志。

5.2 运动鞋

运动鞋必须是没有后跟的柔软轻便的胶底鞋。

5.3 饰物

不允许戴任何易造成伤害的饰物。

6 参赛者的权利和责任

参赛者应遵守规则,并尊重裁判员、尊重对手、尊重观众,服从裁判员的判决,不允许争辩。教练员和队长对全队成员的行为和赛风赛纪负责。

6.1 教练员

6.1.1 教练员赛前应核对记分表上登记的本队队员姓名、号码,并签字确认。每局比赛前将及时填写和签字确认的该局上场队员位置表交给第二裁判员或记录员。

6.1.2 比赛中请求暂停和换人;在场外行使指导,但不得干扰或延误比赛。

6.1.3 比赛中教练员坐在本方靠近记录台一侧的球队席上。

6.2 队长和场上队长

6.2.1 队长须有队长标志,赛前代表本队抽签,并在记分表上签字。

6.2.2 比赛中如队长在场上,队长担任场上队长;如其被换下场,由教练员或队长指定另一名场上队员担任场上队长。

6.2.3 在教练员缺席的情况下,场上队长在比赛中可以请求换人和暂停。

6.2.4 只有场上队长在死球时可以向裁判员请求:

6.2.4.1 对规则的执行进行解释;但当第一裁判员解释后,不得与裁判员纠缠与争辩,否则判该队"延误比赛"(见规则 17.1.5、规则 17.2)。

6.2.4.2 转达本队成员提出的问题和请求。

6.2.4.3 如果对裁判员的解释不满意,可以选择抗议并立即向第一裁判员声明,保留其在比赛结束时将正式抗议写在记分表上的权利。

6.2.5 比赛结束后感谢裁判员,并在记分表上签字。

第3章 比赛方法

7 记分方法

比赛采用每球得分制,即胜一球得一分。

7.1 胜一场

比赛采用三局两胜制,胜两局的队为胜一场。如果 1:1 平局时,进行决胜局(第三局)的比赛。

7.2 胜一局

第一局、第二局先得 21 分同时超过对方两分为胜一局;当比分 20:20 时,比赛继续进行至某队领先两分(22:20、23:21……)为胜一局。

决胜局,先得 15 分同时超过对方两分的队获胜;当比分 14:14 时,比赛继续进行至某队领先两分(16:14、17:15……)为胜一局。

7.3 得一分

7.3.1 球成功地落在对方场区。

7.3.2 对方犯规。

7.3.3 对方受到判罚。

7.4 弃权与阵容不完整

7.4.1 某队被召唤后拒绝比赛,则宣布该队为弃权。对方以每局 21:0 的比分和 2:0 的比局获胜。

7.4.2 某队无正当理由而未准时到达比赛场地,则宣布该队为弃权,处理同规则 7.4.1。

7.4.3　某队被宣布一局或一场比赛阵容不完整时,则输掉该局或该场比赛,判给对方胜该局或该场比赛所必要的分数和局数。阵容不完整的队保留其所得分数和局数。

8　比赛的组织

8.1　抽签

比赛开始前和决胜局开始前,由第一裁判员召集双方队长抽签。

8.1.1　抽签获胜者——选择其中一类:

——发球或接发球。

——场区。

8.1.2　另一方挑选余下部分。

8.2　准备活动

比赛开始前,两队各自在本方半场练习 10 min。

8.3　开始阵容

8.3.1　每队场上必须始终保持 5 名队员(五人制)或 4 名队员(四人制)的比赛阵容。队员的轮转次序应按位置表登记的顺序进行。

8.3.2　位置表一经交给第二裁判员或记录员,除正常换人外,其阵容不得更改。

8.3.3　一局开始前,场上队员的位置与位置表不符时,须按位置表进行纠正,不予判罚。

8.4　场上位置

发球队员击球时,双方队员(发球队员除外)必须在本场区内按轮转次序站位。

8.4.1　四人制比赛队员位置:靠近球网2号位(右)、3号位(左)两名队员为前排队员,另外两名队员1号位(右)、4号位(左)为后排队员。1号位队员与2号位队员同列,3号位队员与4号位队员同列。

8.4.2　五人制比赛队员位置:靠近球网1号位(右)、3号位(中)、4号位(左)三名队员为前排队员,另外两名队员1号位(右)、5号位(左)为后排队员。1号位队员与2号位队员同列,4号位队员与5号位队员同列。

8.4.3　队员站位是否错误,根据其脚的着地部位判定。

8.4.3.1　同列前排队员至少一只脚的着地部分距离中线更近;五人制前排3号位队员与后排队员没有站位位置关系。

8.4.3.2　同排队员站位:四人制前排右(左)侧队员至少有一只脚的着地部分,比同排左(右)侧队员的双脚距右(左)侧边线更近。后排右(左)侧队员至少一只脚的着地部分,比同排另一名左(右)侧队员的双脚距右(左)侧边线更近。五人制前排右(左)侧队员至少有一只脚的着地部分,比同排中间队员的双脚距右(左)侧边线更近。后排右(左)侧队员至少一只脚的着地部分,比同排另一名左(右)侧队员的双脚距右(左)侧边线更近。

8.4.3.3　发球击球后,队员可以在本场区和无障碍区的任何位置。

8.5　位置错误

8.5.1　当发球队员击球时,如果任何队员不在其正确位置上,则构成位置错误犯规。

8.5.2　当发球队员击球时的犯规与对方位置错误同时发生,则判发球犯规。

8.5.3　当发球队员击球后的犯规与对方位置错误同时发生,则判位置错误犯规。

8.5.4　位置错误判罚如下:

8.5.4.1　该队被判失去一分,并由对方发球。

8.5.4.2　队员必须恢复到正确位置。

8.6　轮转

8.6.1　轮转次序、发球次序以及队员位置的确定均以位置表为依据。

8.6.2　某队得一分,同时得发球权后,所有队员必须按顺时针方向轮转一个位置,由2号位队员轮转至1号位发球。

8.6.3　如某队因对方被判罚而得一分,本方得该分后也必须轮转一个位置,该分该轮的原发球队员不再发球,按照轮转次序由下一轮发球队员发球。

8.7　轮转错误

8.7.1　没有按照轮转次序进行发球为轮转错误,按照顺序进行如下判罚:

8.7.1.1　该队失一分,并由对方发球。

8.7.1.2　队员的错误轮转次序必须纠正。

8.7.2　记录员应准确地确定其错误何时发生,从而取消该队自犯规发生后的所有得分,对方得分仍然有效。如果不能确定犯规发生的时间,则仅判失一分,并由对方发球。

第4章　比赛行为

9　比赛的状态

9.1　比赛开始

第一裁判员鸣哨允许发球,发球队员击球为比赛开始。

9.2　比赛中断

裁判员鸣哨则比赛中断。如果裁判员是由于比赛中出现犯规而鸣哨,则比赛的中断是在犯规的一刹那。

9.3　界内球

球触及比赛场区的地面包括界线为界内球。

9.4　界外球

下列情况为界外球:

9.4.1　球接触地面的部分完全在界线以外。

9.4.2　球触及场外物体、天花板或非场上的成员等。

9.4.3　球触及标志杆以及标志杆以外的球网、网绳或网柱。

9.4.4　球的整体从网下穿过。

9.4.5　球的整体或部分从非过网区越过球网垂直面。

10　发球

后排右侧(1号位)队员在发球区内将球击出而进入比赛的行动,称为发球。

10.1　首先发球

10.1.1　第一局和决胜局由抽签选定发球权的队首先发球。

10.1.2　第二局由前一局未首先发球的队发球。

10.2　发球次序

10.2.1　队员的发球次序按位置表上的顺序依次进行。

10.2.2　一局中首先发球之后,队员按下列规定进行发球:当胜一球时,必须轮转发球,由前排右侧(2号位)队员轮换至1号位发球。

10.3　发球的允许

第一裁判员在发球队员已持球在手,并且双方队员已做好比赛准备时,鸣哨允许发球。

10.4　发球的执行

10.4.1　球被抛起或持球手撤离后,在球落地前,用一只手或手臂将球击出。

10.4.2　发球前球在手中移动或拍球是允许的。

10.4.3　发球队员在发球击球时,不得踏及端线和发球区以外地面。

10.4.4　跳发球起跳时,脚不得踏及或超越跳发球限制线。起跳空中击球后,脚可以落在任何位置。

10.4.5　发球队员必须在第一裁判员鸣哨后 8 s 内将球击出。

10.4.6　发球队员将球抛起,球未触及发球队员而落地,只要 8 s 计时未结束,允许再次发球;无需裁判员再次鸣哨允许发球。

10.4.7　发球队员在裁判员允许发球鸣哨的同时或之前发球,该发球无效,重新发球。

10.5　发球掩护

10.5.1　发球队的个人或集体不得掩护、阻挡对方观察发球队员和球的飞行路线。

10.5.2　发球队的队员个人或集体挥臂、跳跃或左右移动,或集体密集站位遮挡球的飞行路线,则构成发球掩护。

10.6　发球时的犯规

10.6.1　发球犯规

下列犯规应判发球犯规进行换发球,即使对方位置错误。发球队:

10.6.1.1　发球次序错误。

10.6.1.2　没有遵守"发球的执行"的规定(见规则 10.4)。

10.6.2　发球击球后的犯规

球被发出后,出现以下情况仍被判为发球犯规(规则 10.7.2 除外):

10.6.2.1　球触及发球队队员或球的整体没有从过网区通过球网的垂直面。

10.6.2.2　界外球。

10.6.2.3　球越过发球掩护的个人或集体。

10.7　发球犯规与位置错误

10.7.1　如果发球犯规(见规则 10.6.1)与对方位置错误同时发生,判发球犯规。

10.7.2　如果发球后犯规(见规则 10.6.2),与对方位置错误同时发生,判位置错误犯规。

11　比赛中的击球

比赛中队员与球的任何触及都视为击球,队员必须在本方场区和本方无障碍区空间击球(规则 15.3.1 除外)。

11.1　球队的击球

每队最多击球三次(规则 15.4.1 除外),无论是主动击球或被动触及球,均作为该队的一次击球。

11.1.1　连续击球

一名队员不得连续击球两次(规则 11.2.3、15.2、15.4.2 除外)。

11.1.2　同时触球

两名或三名队员可以同时触球。

11.1.2.1　同队的两名(或三名)队员同时触到球时,被记为两次(或三次)击球(拦网除外)。如果只有其中一名队员触球,则只记一次。

同队队员之间的碰撞不算犯规。

11.1.2.2　两名不同队的队员在网上同时触球,比赛继续进行,获球一方可再次击球三次。如果该球落在某方场区之外,判对方击球出界。

11.1.3　借助击球

队员在比赛场区内借助同伴或任何物体的支持进行击球为借助击球。队员不得进行借助击球。

11.2　击球的性质

11.2.1　球可以触及身体的任何部分。

11.2.2　球必须被击出,不可接住或抛出。

11.2.3　击球时(包括第一、二、三次击球),允许身体不同部位在一个动作中连续触球。

11.3　击球时的犯规

11.3.1　"四次击球":一个队连续触球四次。

11.3.2　"借助击球":队员在比赛场地内借助同伴或任何物体的支持进行击球。

11.3.3　"持球":没有将球击出,造成接住或抛出。

11.3.4　"连击":一名队员不是在一个动作中连续击球两次或球连续触及其身体的不同部位(规则 11.2.3、15.2、15.4.2 除外)。

12　球网附近的球

12.1　球通过球网

球的整体必须通过球网上空的过网区进入对方场区。过网区范围:上至天花板;下至球网上沿;两侧至标志杆及其向上延长线。

12.2　球触球网

球通过球网时可以触及球网。

12.3　球入球网

球入网后,在该队的三次击球内,可以再次击球。

13　球网附近的队员

13.1　进入对方空间

在不妨碍对方比赛的情况下,允许队员在网下穿越进入对方空间。

13.2　穿越中线进入对方场区

13.2.1　队员的一只(两只)脚部分越过中线触及对方场区的同时,其余部分接触中线或置于中线上空是允许的,不被判为犯规。

13.2.2　队员除脚以外,身体任何其他部位不得触及对方场区。

13.2.3　比赛中断后队员可以进入对方场区。

13.2.4　在不干扰对方比赛的情况下,队员可以穿越进入对方无障碍区,但不得击球。

13.3　触网

13.3.1　队员触及标志杆以内的球网或触及标志杆为犯规。

13.3.2　在不干扰比赛的情况下,队员击球后可以触及标志杆以外的球网、网绳、网柱等其他物体。

13.3.3 由于球被击入球网而造成球网触及对方队员,不算犯规。

13.4 队员在球网附近的犯规

13.4.1 对方进攻性击球前或击球时,在对方空间触球或触及对方队员。

13.4.2 从网下穿越进入对方空间并妨碍对方比赛。

13.4.3 整个脚越过中线踏及对方场区。

13.4.4 除脚以外的身体任何部位越过中线触及对方场区。

14 进攻性击球

14.1 进攻性击球的定义

14.1.1 除发球和拦网外,所有直接击向对方的球都是进攻性击球。

14.1.2 进攻性击球时,吊球是允许的,但击球必须清晰,不得接住或抛出。

14.1.3 球的整体通过球网垂直面(包括触及球网后再进入对方空间)或触及对方拦网队员,则认为完成进攻性击球。

14.2 进攻性击球的限制

进攻线后(后场区),队员可以对任何高度的球完成进攻性击球,但:

14.2.1 击球起跳时脚不得踏及或越过进攻线(规则14.2.2除外)。

14.2.2 队员可以在进攻线前(前场区)完成进攻性击球,但球的飞行轨迹必须高于击球点,以明显向上的弧度过网进入对方场区。

14.2.3 击球后脚可以落在前场区。

14.2.4 接发球队员不能对高于球网上沿的对方发球完成进攻性击球。

14.3 进攻性击球的犯规

14.3.1 在对方空间击球。

14.3.2 击球出界。

14.3.3 在前场区,完成进攻性击球,球的飞行轨迹没有高于击球点,球过网时没有明显向上的弧度(包括水平飞行过网)。

14.3.4 对处于本场区内高于球网上沿的对方发球完成进攻性击球。

15 拦网

15.1 拦网行为

15.1.1 拦网的定义

拦网是队员靠近球网,在高于球网处阻挡对方来球的行动,与触球点是否高于球网无关。

15.1.2 拦网试图

没有触及球的拦网行动为拦网试图。

15.1.3 完成拦网

触及球的拦网行动为完成拦网。只有前排队员可以完成拦网。

15.1.4 集体拦网

两名或三名队员彼此靠近进行拦网为集体拦网。其中一人触球则完成拦网。

15.2 拦网触球

在一个动作中,球可以迅速而连续地触及一名或更多的拦网队员。

15.3 进入对方空间拦网

15.3.1 允许拦网队员的手过网拦网,但不得干扰对方击球。过网拦网的触球必须在对方完成进攻性击球之后。

15.3.2 当对方的球飞向球网上方而尚未过网,对方有队员准备击该球时,不能过网完成拦网。

15.4 拦网与球队的击球

15.4.1 拦网的触球不算作球队三次击球中的一次击球。

15.4.2 完成拦网后任何一名队员可以进行第一次击球,包括拦网时已经触球的队员。

15.5 拦网的犯规

15.5.1 后排队员完成拦网或参加了完成拦网的集体。

15.5.2 拦对方的发球。

15.5.3 拦网出界。

15.5.4 从标志杆外进入对方空间拦网。

15.5.5 在对方进攻性击球的同时或之前触球。

15.5.6 当球飞向球网上方而尚未过网,有对方队员准备击该球时本方队员完成拦网。

第5章 比赛间断与延误比赛

16 正常的比赛间断

正常的比赛间断有"暂停"和"换人"。

16.1 正常间断的次数

每局比赛中,每队最多可以请求两次暂停和 4 人次(四人制)或 5 人次(五人制)换人,所换队员不受位置限制。

16.2 请求间断

16.2.1 在比赛死球时,裁判员鸣哨发球前,教练员或场上队长(教练员缺席时)用正确手势,请求换人或暂停。

16.2.2 一局开始前允许请求换人,并计入换人次数。

16.3 比赛间断的连续

16.3.1 一次或两次暂停与双方的各一次换人相连续,中间无须经过比赛过程。

16.3.2 同一队未经过比赛过程不得连续提出换人请求。但在同一次换人请求中可以替换一人或多人。

16.4 暂停

16.4.1 每次暂停时间为 30 s。

16.4.2 暂停时,比赛队员必须离开比赛场区到球队席附近的无障碍

16.5 换人

16.5.1 换人必须在换人区内进行。

16.5.2 换人由教练员或场上队长(教练员缺席时)提出请求。换人时,替补队员要做好上场的准备。

16.5.3 如果要替换两名或两名以上的队员,要用手势表明请求替换人次。

16.6 特殊换人

某一队员受伤或生病不能继续比赛时,须进行合法的换人。如果不能进行合法的换人,可采用特殊换人。特殊换人时,场下的任何队员,都可以替换受伤队员,但受伤队员不可在本场

比赛中再次上场比赛。

特殊换人不作为换人的次数计算。

16.7　不符合规定的请求

16.7.1　下列情况为不符合规定的请求：

16.7.1.1　在比赛进行中或裁判员鸣哨发球的同时或之后提出请求。

16.7.1.2　无请求权的成员提出请求。

16.7.1.3　同一队未经过比赛过程再次请求换人。

16.7.1.4　超过所规定正常间断次数的请求。

16.7.2　在比赛中对第一次没有影响和延误比赛的不符合规定的请求给予拒绝而不进行判罚。

16.7.3　同一场比赛中再次提出不符合规定的请求判延误比赛。

17　延误比赛

17.1　延误比赛的行为

一个队拖延比赛继续进行的不正当行动为延误比赛。包括以下行为：

17.1.1　换人延误时间。

17.1.2　在裁判员鸣哨恢复比赛后，拖延暂停时间。

17.1.3　请求不合法的替换。

17.1.4　再次提出不符合规定的请求。

17.1.5　球队成员拖延比赛的继续进行。

17.2　对延误比赛的判罚

17.2.1　"延误警告"和"延误判罚"是对全队延误比赛的判罚。

17.2.1.1　延误比赛的判罚对全场比赛有效。

17.2.1.2　所有延误比赛的判罚都记录在记分表上。

17.2.2　在一场比赛中，对某队成员的第一次延误比赛，给予"延误警告"。

17.2.3　在一场比赛中，同一队的任何成员造成任何类型的第二次及其后的延误比赛，都给予"延误判罚"，对方得一分，并由对方发球。

17.2.4　局前和局间的延误比赛判罚记在下一局中。

18　例外的比赛间断

18.1　受伤

18.1.1　比赛中出现严重伤害事故，裁判员应立即中断比赛，允许医务人员进入场地。处理完成后重新比赛。

18.1.2　如受伤队员不能进行合法替换和特殊替换，则给予受伤队员 5 min 的恢复时间。一场比赛中同一队员只能给予一次恢复的时间。5 min 后仍不能进行比赛，该队被宣布阵容不完整(见规则 7.4.3)。

18.2　外因造成的比赛间断

比赛中出现任何外界干扰，都应停止比赛，该回合重新进行。

18.3　被拖延的间断

18.3.1　任何意外的情况影响或阻碍比赛进行时，第一裁判员和赛事管理委员会成员共同研究决定，采取措施使比赛恢复正常。

18.3.2 一次或数次间断时间累计不超过 2 h：

18.3.2.1 如果比赛仍在原场地进行,间断的一局应保持原比分、原队员和原场上位置,已结束的各局保留比分。

18.3.2.2 如比赛改在另外场地进行,则间断的一局应取消,但保持该局开始的阵容和位置,重新比赛,所有的判罚记录保留。已结束的各局比分保留。

18.3.3 一次或数次间断时间累计超过 2 h,则全场比赛重新开始。

19 局间休息与交换场区

19.1 局间休息

第一局结束后休息 2 min,决胜局前休息 3 min。

19.2 交换场区

19.2.1 第一局结束后,比赛队交换场区。

19.2.2 决胜局中,某队先获得 8 分时,两队交换场区,不休息,队员在原位置继续比赛。如果未能及时交换场区,应在此错误被发现时立即交换场区,保留交换场区时两队已得比分。

20 不良行为及判罚

20.1 轻微的不良行为

对轻微的不良行为不进行处罚,但第一裁判员有责任防止球队出现接近被处罚程度的行为,应使用以下任何一种形式进行处理。

使用两种形式:

第一,通过场上队长给予口头警告。

第二,向相关成员出示黄牌,虽然没有处罚,但要登记在记录表上,警告其行为已经接近被处罚的程度。

20.2 不良行为的处罚

球队成员对裁判员、对方球队、同伴或观众的不良行为,按程度分为三类进行处罚。

20.2.1 粗鲁行为

违背道德准则或文明举止的行为。

20.2.2 冒犯行为

诽谤或侮辱的语言或形态,或有任何轻蔑表示的行为。

20.2.3 侵犯行为

人身攻击、侵犯或威吓的行为。

20.3 对不良行为的处理形式

20.3.1 轻微的不良行为

警告:不处罚。

——形式 1:口头警告。

——形式 2:出示黄牌。

20.3.2 粗鲁行为

裁判员出示红牌,对方得一分并发球。

20.3.3 冒犯行为

裁判员一手持红牌、黄牌,取消其该局比赛资格,无其他判罚。被判罚的球队成员必须坐在本队球队席上。如果被判罚的是教练员,则其失去该局的指挥权利。

20.3.4　侵犯行为

裁判员两手分别持红牌、黄牌,取消其该场比赛资格,离开比赛场地,无其他判罚。

20.4　判罚的实施

20.4.1　不良行为的判罚是针对个人,全场比赛有效,记录在记分表上。

20.4.2　同一成员在同一场比赛中重犯不良行为,按判罚等级加一级判罚,即对该成员的判罚要重于前一次。

20.4.3　对冒犯行为或侵犯行为的直接判罚,无须有先一次的判罚。

20.4.4　场上队员被取消该局或该场比赛资格,必须立即进行合法的替换。如果不能进行合法替换,则宣布该队"阵容不完整"(见规则 7.4.3)。

20.4.5　局前与局间的不良行为,按规则 20.2 和 20.3 进行判罚,并记录在下一局中。

第 7 章　裁判员职责与法定手势

21　裁判员组成

中国排球协会主办的全国性赛事活动,一场比赛的裁判组由 1 名第一裁判员、1 名第二裁判员、2 名司线员,以及 2 名记录员组成。其他赛事活动由赛事主办方、承办方结合实际情况和需要,可适当调整。

22　工作程序

22.1　比赛过程中只有第一裁判员和第二裁判员可以鸣哨。

22.2　裁判员鸣哨中止比赛后,应立即以法定手势表明。

22.2.1　第一裁判员鸣哨中止比赛,应按顺序指出:

22.2.1.1　得分的队。

22.2.1.2　犯规的性质。

22.2.1.3　犯规的队员(必要时)。

22.2.2　第二裁判员鸣哨中止比赛,应指出:

22.2.2.1　犯规的性质。

22.2.2.2　犯规的队员(必要时)。

22.2.2.3　跟随第一裁判员指出得分的队。

第一裁判员不用出示表明犯规性质的手势和指出犯规队员,只指出得分的队。

22.2.3　如果是双方犯规,都要按顺序指出:

22.2.3.1　犯规的性质。

22.2.3.2　犯规的队员(必要时)。

22.2.3.3　应发球的队。

23　第一裁判员

23.1　位置

第一裁判员站在记录员对面的球网一端的裁判台上执行其职责,其水平视线必须高出球网上沿 50 cm。

23.2　权力

23.2.1　自始至终主导该场比赛,对所有裁判员和球队成员行使权力。比赛中,其判定为最终判定。如果发现其他裁判员的错误,其有权改判,也有权撤换不称职的裁判员。

23.2.2 有权决定涉及比赛的一切问题,包括规则中没有规定的问题。

23.2.3 其判定不允许进行任何讨论。但当场上队长提出请求时,其应对判定所依据的规则和规则的执行给予解释。如果场上队长表示不接受其解释,并立即声明保留比赛结束后将抗议写在记分表上的权利时,其必须准许。

23.3 职责

23.3.1 比赛前,第一裁判员:

23.3.1.1 检查场地、器材和比赛用球。

23.3.1.2 主持双方队长抽签。

23.3.1.3 掌握两队准备活动。

23.3.2 比赛中,第一裁判员有以下职责。

23.3.2.1 向出现不良行为的球队成员提出警告。

23.3.2.2 对不良行为和延误比赛进行判罚。

23.3.2.3 判定:

发球犯规和发球队位置错误,包括发球掩护。

比赛中的击球犯规。

高于球网和球网上部的犯规。

进攻性击球犯规。

过网拦网犯规。

球的整体或部分从非过网区越过球网垂直面。

后排队员完成拦网。

网下穿越中线进入对方场区犯规。

23.3.3 比赛后,检查记分表并签字。

24 第二裁判员

24.1 位置

第二裁判员站在球网另一端第一裁判员的对面,比赛场区外的网柱附近,面向第一裁判员执行其职责。

24.2 权力

24.2.1 第二裁判员是第一裁判员的助手,但也有自己的权限。当第一裁判员不能继续工作时,代替第一裁判员执行工作。

24.2.2 可以用手势指出其权限以外的犯规,但不得鸣哨,也不得对第一裁判员坚持自己的判断。

24.2.3 掌管记录台的工作。

24.2.4 监督球队席上的球队成员,并将他们的不良行为报告给第一裁判员。

24.2.5 允许比赛暂停和换人的请求,掌握间断时间和拒绝不符合规定的请求。

24.2.6 掌握各队暂停和换人的次数,并将第二次暂停和第四人次或第五人次的换人告诉第一裁判员和相关教练员。

24.2.7 发现队员受伤,其允许该队进行特殊换人,或给予受伤队员 5 min 的恢复时间。

24.2.8 检查比赛的场地,主要是前场区。比赛中,其还要检查球是否符合比赛的要求。

24.3 职责

24.3.1　在每局开始和决胜局交换场区后,以及在必要的时候,检查场上队员的实际位置是否与位置表相符。

24.3.2　在比赛中,第二裁判员对以下犯规做出判定,鸣哨并做出手势:

24.3.2.1　队员网下穿越进入对方场区和空间。

24.3.2.2　接发球队位置错误。

24.3.2.3　队员触及标志杆以内的球网或第二裁判员一侧的标志杆。

24.3.2.4　后排队员完成拦网。

24.3.2.5　球触及场外物体。

24.3.2.6　球触及第二裁判员一侧的标志杆。

24.3.2.7　球的整体或部分从非过网区越过球网垂直面。

24.3.2.8　当球触及地面,第一裁判员难以观察未做判定时。

24.3.3　比赛结束后,在记分表上签字。

25　记录员

25.1　位置

记录员在第一裁判员对面的记录台,面对第一裁判员执行其职责。

25.2　职责

25.2.1　记录员在比赛前和每局前:

25.2.1.1　按照规定程序登记有关比赛和比赛队的情况,包括队员的姓名、号码,并获得双方队长和教练员的签字。

25.2.1.2　根据位置表登记各队的开始阵容。

25.2.2　记录员在比赛中:

25.2.2.1　记录得分。

25.2.2.2　掌握各队的发球次序,在球队询问发球次序时,及时、准确地告知发球队或发球队员。发现发球次序错误时,应在发球击球后立即通知裁判员。

25.2.2.3　掌握并登记暂停和换人次数,并通知第二裁判员。

25.2.2.4　对违背规则的间断请求及时告知裁判员。

25.2.2.5　在每局结束及决胜局某队先得8分时,及时告知裁判员。

25.2.2.6　记录各种不良行为的判罚和不符合规定的请求。

25.2.2.7　在第二裁判员指导下登记其他事件,如特殊换人、恢复时间、被拖延的间断、外因造成的间断等。

25.2.2.8　掌握局间休息时间。

25.2.3　记录员在比赛结束后:

25.2.3.1　登记比赛最终结果。

25.2.3.2　如果在比赛中有提出抗议的情况,在得到第一裁判员同意后,允许队长将有关抗议的内容写在记分表上。

25.2.3.3　在记分表上签字后,取得双方队长和裁判员签字。

26　司线员

26.1　位置

两名司线员,分别站在两名裁判员右侧场区角端,距端线与边线交叉点0.5～1 m处,各负

129

责其一侧的端线和边线。

26.2　职责

26.2.1　用旗(40 cm×40 cm)以旗示执行其职责:

26.2.1.1　当球落在其负责的线附近时,示意"界内"或"界外"。

26.2.1.2　球触及接球人身体后出界,示意"触手出界"。

26.2.1.3　示意球触及标志杆、球从非过网区过网等。

26.2.1.4　示意发球击球时场内其他队员脚踏出比赛场区。

26.2.1.5　发球队员脚的犯规。

26.2.2　在第一裁判员询问时,必须重复其旗示。

27　裁判员的法定手势(旗示)

27.1　第一、第二裁判员的手势

裁判员必须以法定手势指出鸣哨的原因(犯规的性质或准许比赛间断的目的等)。手势应有短时间的展示。如果是单手做手势,应用与犯规队或请求队同侧的手表示。

27.2　司线员的旗示

司线员必须以法定旗示指出犯规性质,并有短时间的展示。

裁判员手势图及具体解释如附表1所示。

附表1　裁判员手势图

允许发球		交换场地	
挥动发球队一侧的手臂		两臂在体前、体后绕体旋转	
得分、发球队		暂停	
平举发球队一侧手臂		一臂屈肘抬起,另一手手掌放在该手指尖上,然后指明提出请求的队	

（续表）

换人		发球时球未抛起	
两臂屈肘在胸前绕环		一臂慢慢举起，掌心向上	
发球延误		**位置错误或轮转错误**	
举起八个手指并分开		一手食指在体前绕环	
一局或全场比赛结束		**发球掩护或拦网犯规**	
两臂在胸前交叉		两臂上举，掌心向前	
界内球		**界外球**	
手臂和手斜指向地面		两臂屈肘上举，手掌向后摆动	

（续表）

持球		连击	
屈肘慢举前臂,掌心向上		举起两个手指并分开	
发球未过网和队员触网		四次击球	
一手触犯规队一侧球网		举起四个手指并分开	
过网击球或过网拦网		进入对方场区或球从网下通过或发球时脚的犯规或发球一刻队员不在场区内	
一手掌心向下,前臂置于球网上空		手指指向中线或相关的线	
队员进攻性击球犯规(队员踏及或越过进攻线)		队员进攻性击球犯规(队员在球网附近)	
一臂向上举起,前臂向下摆动		一臂向上举起	

（续表）

轻微不良行为		判罚出场	
一手持黄牌		一手持红牌和黄牌,取消该局比赛资格	
延误警告		双方犯规或重新发球	
两臂屈肘举起,用黄牌指手腕		两臂屈肘,竖起拇指	
触手出界		判罚	
用一手掌摩擦另一屈肘上举手的指尖		一手持红牌,对方得一分并发球	
取消比赛资格		延误判罚	
双手分持红牌、黄牌,取消该场比赛资格		两臂屈肘举起,用红牌指手腕	

附表 2　司线员旗示图

界内球		界外球	
向下示旗		向上示旗	

无法判断		触手出界	
两臂在胸前交叉		一手举旗,另一手放置在旗顶上	

发球时脚的犯规或球通过球网时的犯规,球触及场外物体的犯规等	
一手举旗环绕,另一手指向标志杆,物体或相应的线	

附录二
气排球与排球竞赛规则的区别表

随着各项排球运动的发展与竞赛规则的修改,为了让大家更好地了解气排球竞赛规则,避免出现与排球规则的混淆,下面就主要内容,罗列了气排球和排球《竞赛规则》中的区别,如附表 3 所示。

附表 3　气排球与排球竞赛规则的区别表

规则	气排球	排球
面积	1.1 比赛场区为长 12 m、宽 6 m 的长方形。其四周至少有 2~3 m 宽的无障碍区	1.1 比赛场区为 18 m×9 m 的长方形。其四周至少有 3 m 宽的无障碍区。
球网高度	2.2 男子球网高度 2.1 m,女子球网高度 1.9 m。球网高度用量尺从场地中间丈量	2.1.1 球网架设在中线上空,高度男子为 2.43 m,女子为 2.24 m
球	3 圆周长为 72~78 cm, 重量为 120~140 g, 气压为 0.15~0.18 kg/cm²	3.1 标准 圆周:65~67 cm 重量:260~280 g 内压:0.30~0.325 kg/cm²
队伍的组成	4.1.1 一个队出 10 人组成,其中有 1 名领队,1 名教练员,8 名队员组成,比赛中领队、教练员可兼运动员	4.1.1 一个队伍最多有 12 名队员,另加: ——教练工作人员:1 名教练和最多两名助理教练; ——医疗工作人员:1 名治疗师和 1 名队医

(续表)

规则	气排球	排球
胜一局	7.2 胜一局 第1、2局先得21分同时超过对方2分为胜一局,当比分20∶20时,比赛继续进行至某队领先两分(22∶20、23∶21……)为胜一局。决胜局,先得15分同时超过对方2分的队获胜,当比分14∶14;时,比赛继续进行至某队领先两分(16∶14、17∶15……)为胜一局。决胜局8分时双方队员交换场地进行比赛,比赛按照交换时的阵容继续进行	每局(决胜的第五局除外)先得到25分同时超过对方至少2分的队伍胜一局。当比分达到24-24时,比赛继续进行至某队领先2分(26-24、27-25……)为止
胜一场	7.1 胜一场 比赛采用三局两胜制,胜两局的队为胜一场。如果1∶1平局时,进行决胜局(第三局)的比赛	6.3.1 胜三局的队伍胜一场。 6.3.2 如果2-2平局时,决胜的第五局打至15分并领先对方至少2分的队伍获胜
准备活动	8.2 准备活动 比赛开始前,两队各自在自己的半场练习10 min	7.2.1 在比赛开始前,如果有另外一块场地专门供比赛队进行活动的,他们可以上网活动6 min;如果没有则活动10 min。 7.2.2 如果任何一方队长要求分开使用球网进行热身,他们可以各自使用3 min或者5 min。 7.2.3 如果两队分开进行准备活动,首先发球的队先使用球网
队员的位置	8.4 场上位置 发球队员击球时,双方队员(发球队员除外)必须在本场区内按轮转次序站位。 ※上场4或者5人	7.4 位置 发球队员击球时,双方队员(发球队员除外)必须在本场区内按轮转次序站位。 ※上场6人
发球	8.6.3 如某队因对方被判罚而得1分,本方所得该分后也必须轮转一个位置,原该分该轮的发球队员不再发球,轮转由下一轮发球队员发球	6.1.3.1 如果发球队获胜,得1分并继续发球。 6.1.3.2 如果接发球队获胜,得1分并获得发球权
连击	10.2.3 击球时(包括第一、二、三次击球),允许身体不同部位在一个动作中连续触球	9.2.3.2 在第一次击球时,允许身体不同部位在一个动作中连续触球

（续表）

规则	气排球	排球
进入对方空间、场区或无障碍区	12.2.2队员除脚以外,身体任何其他部位触及对方场区为犯规	11.2.2穿越中线进入对方场区: 11.2.2.1队员的单脚(或双脚)越过中线触及对方场区的同时,其余部分接触中线或置于中线上空是允许的; 11.2.2.2队员脚以上的身体任何其他部位,触及对方场区是允许的,但不得干扰对方比赛
进攻性击球犯规	14.2.1.2队员可以在进攻线前(前场区)完成进攻性击球,但球的飞行轨迹必须高于击球点,有明显向上的弧度过网进入对方场区; 14.2.1.4接发球队员不能对在本场区内高于球网上沿的对方发球完成进攻性击球	13.3.3后排队员在前场区完成进攻性击球,并且击球时球的整体高于球网上沿。 13.3.4在前场区内对高于球网上沿的对方发球完成进攻性击球
间断	16.1 正常间断的次数 每局比赛中,每队最多请求两次暂停和4人次(四人制)或5人次(五人制)换人,所换队员不受位置限制	15.1 合法比赛间断的次数 每局比赛中,每支队伍最多可以请求两次暂停和6人次换人。 15.3.1 只有教练员或教练员缺席时上场队长可以请求正常比赛间断
未实施特殊替换的休息时间	18.1.2如受伤队员不能进行合法替换和特殊替换,则给予受伤队员5 min的恢复时间。一场比赛中同一队员只能给予一次恢复的时间	17.1.2如果伤病的队员已不能进行合法换人和特殊换人,则给予该队员3 min的恢复时间。一场比赛同一名队员只能给予一次供恢复的时间
被拖延的间断	18.3.2一次或数次间断时间累计不超过2 h 18.3.3一次或数次间断时间累计超过2 h,则全场比赛重新开始	17.3.2一次或数次的间断时间累计不超过4 h 17.3.3一次或数次的间断时间累计超过4 h,全场比赛重新开始
局间休息	19.1 局间休息 第一局结束后休息2 min,决胜局前休息3 min	18.1 局间休息 所有局间休息均为3 min

参考文献

[1] 黄汉升. 球类运动:排球. 北京:高等教育出版社,2009.

[2] 虞重干. 排球运动. 北京:人民体育出版社,2009.

[3] 陈铁成. 气排球. 厦门:厦门大学出版社,2014.

[4] 程战铭. 排球. 苏州:苏州大学出版社,1996.

[5] 中国排球协会,中国老年人体育协会气排球专项委员会. 中国气排球. 北京:人民体育出版社,2015.

[6] 中国排球协会. 气排球竞赛规则. 北京:北京体育大学出版社,2024.

[7] 于贵和. 软式排球、沙滩排球、气排球理论与方法. 北京:北京师范大学出版社,2009.

[8] 钟秉枢. 跟专家练排球. 北京:北京体育大学出版社,1998.

[9] 国家体育总局. 中国体育教练岗位培训教材:排球. 北京:人民体育出版社,2003.

[10] 黎禾. 排球训练教程. 北京:高等教育出版社,2008.

[11] 黄汉升. 球类运动:排球. 北京:高等教育出版社,2015.

[12] 卢元镇. 中国体育文化纵横谈. 北京:北京体育大学出版社,2005.

[13] 黄辅周,等. 排球. 北京:北京体育学院出版社,1991.

[14] 马启伟. 体育心理学. 北京:高等教育出版社,1996.

[15] 张瑞林. 体育与健康. 济南:山东大学出版社,2002.

[16] 杨忠伟. 体育运动与健康促进. 北京:高等教育出版社,2004.

[17] 田野. 运动生理学高级教程. 北京:高等教育出版社,2003.